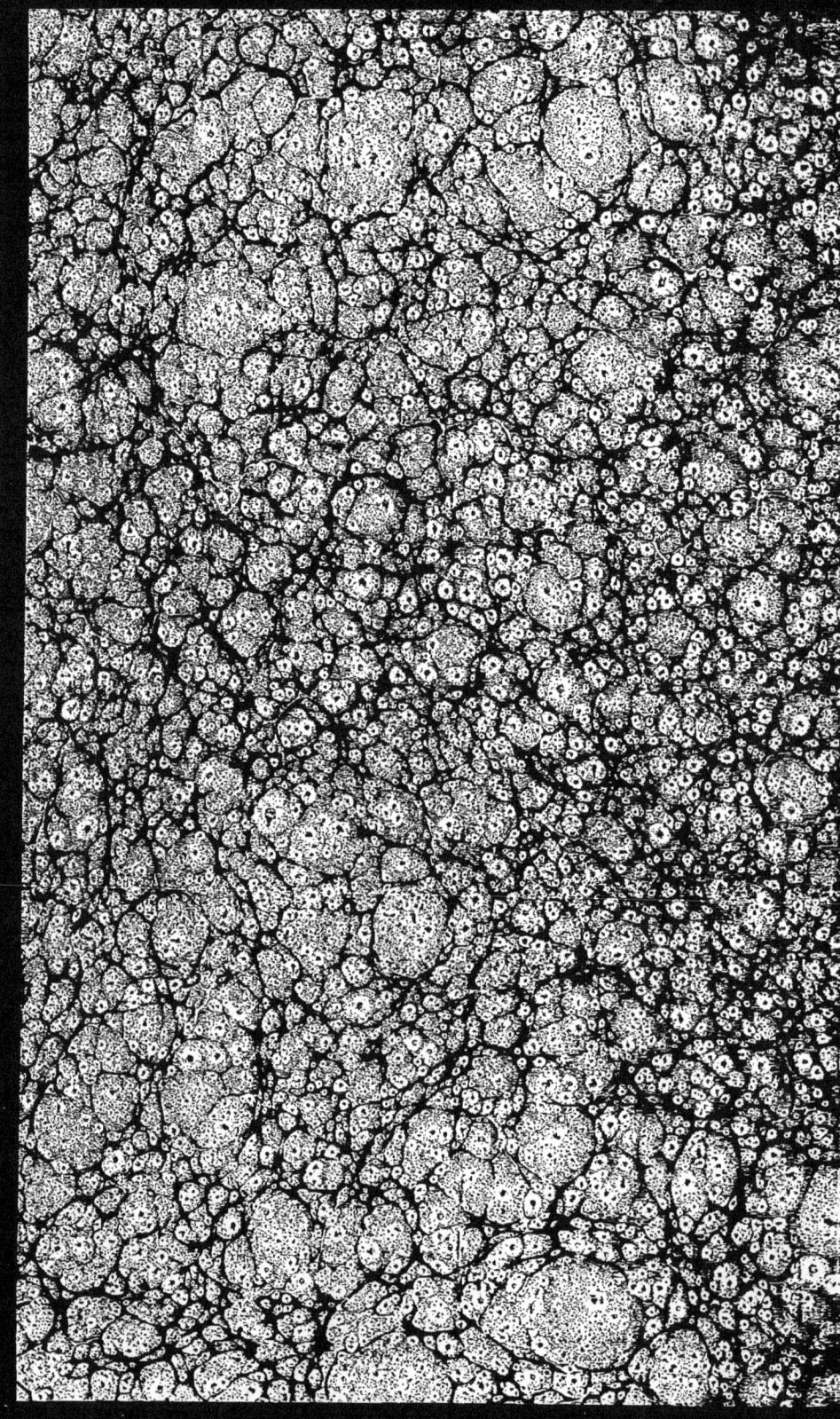

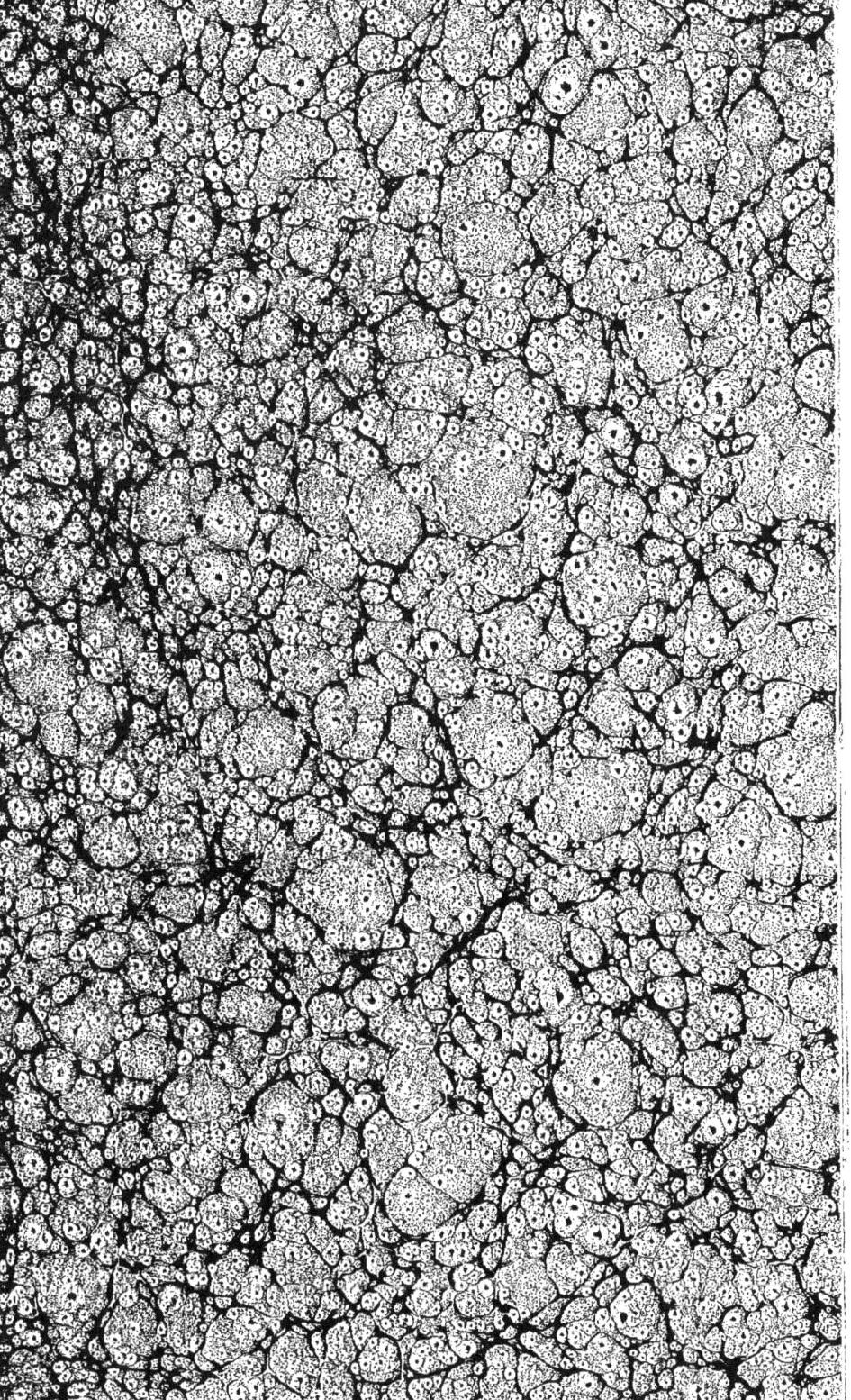

VOYAGE

DANS LES

RÉGIONS ARCTIQUES,

TOME I.

PARIS. — IMPRIMERIE DE BOURGOGNE ET MARTINET,
rue du Colombier, n° 30.

VOYAGE

DANS LES

RÉGIONS ARCTIQUES,

A LA RECHERCHE DU CAPITAINE ROSS,

EN 1834 ET 1835;

ET

RECONNAISSANCE DU THLEW-EE-CHOH,

MAINTENANT GRANDE RIVIÈRE BACK;

PAR

LE CAPITAINE BACK,
Officier de la Marine Royale;

TRADUIT

PAR M. P. CAZEAUX, INGÉNIEUR HYDROGRAPHE.

TOME PREMIER.

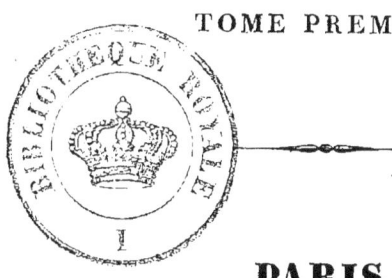

PARIS.
ARTHUS BERTRAND, LIBRAIRE-ÉDITEUR,
LIBRAIRE DE LA SOCIÉTÉ DE GÉOGRAPHIE,
RUE HAUTEFEUILLE, N° 23.

M DCCC XXXVI.

INTRODUCTION.

En l'année 1832, l'absence prolongée du capitaine Ross, dont on n'avait point eu de nouvelles depuis 1829, qu'il était parti pour les régions polaires, préoccupait tous les esprits. Le bruit de sa mort se répandit même en Italie, où se trouvait alors le capitaine Back, qui avait déjà accompagné Sir John Franklin dans les expéditions de 1819-21-22 et 1825-26-27, au nord de l'Amérique. Cet intrépide officier retourna aussitôt en Angleterre dans l'intention de se proposer au gouvernement pour guider une expédition par terre jusqu'aux parages où devaient se trouver dans la détresse le capitaine Ross et son équipage. A son arrivée à Londres, en juin, il apprit que déjà des démarches semblables avaient été faites par le savant docteur Richardson, son ancien compagnon de voyage sous les ordres de Franklin, ainsi que par M. Ross, frère du capitaine Sir John et père du capitaine James Ross. Mais le gouvernement anglais n'avait pas encore accueilli les propositions qu'on lui avait faites à cet égard. M. Ross adressa alors une pétition au Roi; le capitaine Back et ses amis poussèrent aussi de leur côté; la Société de géographie, à laquelle il soumit son plan de voyage, s'y employa avec chaleur; et, enfin, le 30 août, M. Hay, sous-secrétaire du département des colonies, prévint M. Ross que sa pétition était prise en considération, et que le trésor aiderait l'expédition de 2,000 livres sterling (50,000 fr.), pourvu que le commandement en fût confié au capitaine Back, que la Compagnie de la Baie d'Hudson fournît à ses frais les approvisionnements et les canots, et qu'enfin les amis des capitaines sir John et James Ross complétassent par leurs souscriptions le reste des dépenses, évalué à 3,000 livres sterling (environ 76,000 fr.).

Le public, voyant que les affaires de l'expédition étaient en bon train, commença alors à y prendre un intérêt actif. Le 1er novembre une assemblée se réunit dans les salles de la société d'horticulture, et le vice-amiral Sir George Cockbrun y plaida si puissamment la cause de l'humanité intéressée à la recherche du capitaine Ross, que 800 livres sterling (plus de 20,000 fr.) y furent souscrits séance tenante, et un comité permanent nommé pour s'occuper sans relâche à mener à bien cette entreprise aussi généreuse que difficile.

Les fonds s'accrurent rapidement ; les chefs de la Compagnie de la Baie d'Hudson firent prévenir leurs agents en Amérique, que l'expédition aurait lieu au printemps suivant, et leur donnèrent l'ordre de préparer d'avance tous les objets dont le capitaine Back devait avoir besoin ; ils poussèrent la bienveillance jusqu'au point de lui conférer le titre et les pouvoirs de *Commander* dans la hiérarchie des employés de la Compagnie, afin de faciliter toutes ses transactions et toutes ses démarches dans l'immense étendue de pays où il allait s'aventurer.

L'expédition devait consister en 2 officiers et 18 hommes, dont 2 charpentiers capables pour construire des bateaux. M. Richard King s'offrit pour suivre l'expédition en qualité de chirurgien et de naturaliste. Il fut accepté. Enfin, divers instruments astronomiques, une boussole d'inclinaison de Dollond, un instrument de Jones pour la Variation diurne, d'autres instruments du professeur Hansteen et trois chronomètres, furent confiés au capitaine Back, tant pour les besoins de l'expédition que pour les observations scientifiques dont il pourrait occasionnellement s'occuper en poursuivant le but principal de son voyage, c'est-à-dire la recherche du capitaine Ross et de l'équipage du *Victory*.

Le Roi, la duchesse de Kent, la princesse Victoria, le duc de Sussex, reçurent successivement le capitaine Back en audience particulière, et lui manifestèrent le plus gracieux intérêt pour le succès de son voyage : le Roi voulut ●●● en être le Patron ; la princesse Victoria fit p●●●t au capitaine d'une boussole de poche et d'un étui de mathématique ; et le duc de Sussex en acceptant le titre de Vice-Patron, lui donna une lettre pour le docteur Hossack, l'un des savants de New-York.

Enfin pour lui conférer plus d'autorité sur les hommes de son expédition, il fut convenu qu'il agirait au nom du gouvernement, et il reçut en conséquence les instructions suivantes du secrétaire d'État des colonies.

Bureau des colonies, 4 février 1833.

Monsieur,

« Par suite de la permission qu'en ont donnée les Lords Commissaires de l'Amirauté, vous vous trouvez momentanément placé dans les attributions du département des colonies : je vous préviens donc que vous êtes chargé de diriger l'expédition qui se prépare maintenant pour la recherche du capitaine Ross. Vous devez, à cet effet, vous mettre à la disposition du Gouverneur et du comité de la Compagnie de la Baie d'Hudson, qui se sont engagés à vous fournir des vivres ainsi que les moyens de mener votre voyage à bonne fin.

» Vous vous embarquerez ce mois-ci, le plus tôt possible, à Liverpool; vous vous rendrez à Montréal par la voie de New-York, et là vous prendrez la route que suivent ordinairement les traitants de pelleteries pour gagner le Lac de l'Esclave, où vous arriverez, à ce que l'on espère, vers le 20 juillet. Vous devez alors vous avancer dans le Nord-Est, ou dans toute autre direction que vous jugerez plus convenable, pour atteindre le *Thlew-ee-choh-dezeth* ou Grande Rivière du Poisson, que l'on croit partir du Lac de l'Esclave ou du moins prendre sa source dans les environs, et de là couler vers le Nord jusqu'à la mer en se maintenant navigable. A votre arrivée sur les bords de cette rivière, vous choisirez un endroit convenable pour y passer l'hiver, et vous emploierez immédiatement une partie de votre monde à y construire un logement; enfin, s'il est possible, vous partirez vous-même avec le reste de l'équipage pour explorer la rivière durant cette saison et tâcher d'atteindre le bord de la mer; vous disposeriez alors des signaux fort en évidence à l'embouchure du fleuve, et pour le cas où le capitaine Ross arriverait dans cette région, vous y laisseriez une note qui le préviendrait de votre retour au printemps prochain.

» Vous devez cependant avoir bien soin d'être rentré dans votre établissement avant le commencement de l'hiver; pendant cette saison vous ferez construire deux bateaux en état de naviguer sur la mer Polaire, et aussitôt que vous pourrez, vous repartirez au printemps pour descendre le fleuve.

» En ce point, le soin de diriger votre marche est laissé à votre propre jugement. Votre premier objet doit être d'atteindre le Cap Garry, où le navire de Sa Majesté le *Fury* s'est perdu; on sait que le capitaine Ross se proposait d'en aller recueillir les provisions. Quant à prendre, pour arriver au cap, la route de l'Est ou celle de l'Ouest, vous vous déciderez d'après les localités.

» Lorsque vous passerez le long de la côte, il vous faudra veiller attentivement pour découvrir les signaux et toutes les autres indications qui pourraient annoncer la marche d'une troupe.

INTRODUCTION. VII

(particulièrement à l'entrée du détroit Hecla et Fury si vous prenez le passage de l'Est) ; et si vous rencontrez ceux que vous cherchez avant d'avoir atteint le Cap Garry, vous leur offrirez de revenir immédiatement avec eux sur vos pas, et de les conduire aux établissements de la Baie d'Hudson. Dans le cas où, avant d'arriver à la côte, vous apercevriez quelque trace de leur passage, vous devez chercher minutieusement à découvrir quelles ont pu être leurs intentions subséquentes, et vous rendre alors là où vous croirez avoir une chance de les retrouver.

» En vous livrant, durant l'été, à cette intéressante exploration, il est bien entendu que vous ne perdrez pas de vue la santé et le salut de votre équipage ; et quelles que puissent être vos chances de succès, vous ne devez pas prolonger vos recherches jusqu'à une époque telle, qu'il vous soit impossible de regagner vos quartiers d'hiver avant la fin de la saison : cette limite doit être entre le 12 et le 20 août, selon le point où vous serez parvenu ; c'est de votre prudence, à cet égard, que dépend l'issue de l'expédition.

» A votre retour dans votre établissement, il vous faudra examiner avec soin l'état de vos provisions, et, s'il est possible, communiquer avec le poste du

Grand Lac de l'Esclave, pour vous assurer s'il n'y est pas arrivé dans l'intervalle des provisions à votre destination. Si alors vous pensez pouvoir, sans imprudence, consacrer un second été aux explorations, vous êtes autorisé à le faire, sinon vous retournerez en Angleterre au printemps suivant.

» Tout en subordonnant vos travaux à la recherche de l'équipage du capitaine Ross, ou des hommes qui peuvent survivre, n'y en eût-il qu'un, vous aurez à dresser la carte des régions encore inconnues que vous visiterez, et vous ferez les observations scientifiques que vos loisirs vous permettront. A cet effet, il vous sera fourni les instruments convenables. Mais vous ne devez point pour cela vous détourner de votre but principal, jusqu'à ce que vous l'ayez atteint ou que vous ayez reconnu l'impossibilité absolue de l'accomplir.

» Durant votre absence, vous saisirez toutes les occasions possibles de correspondre avec le Bureau des Colonies.

» J'ai l'honneur, etc.

» *Signé* GODERICH. »

Les instructions précédentes donnent au lecteur une première idée de l'expédition ; pour compléter cet aperçu, il est bon d'ajouter ici qu'un an après son départ du Canada, le capitaine Back étant dans ses quartiers d'hiver, après avoir trouvé la source du Thlew-ee-choh, et se préparant à partir au printemps pour le Cap Garry, reçut une dépêche du baronnet Sir Ch. Ogle, qui le prévenait du retour en Angleterre du capitaine Ross, recueilli par un baleinier dans le détroit de Barrow; on lui enjoignait alors de tourner ses vues uniquement vers la reconnaissance des parties encore inconnues dans le Nord-Est de la pointe extrême du continent Américain.

La lecture du journal du voyage fera connaître quelle persévérance et quel habile mélange d'audace et de sagesse il a fallu au capitaine Back pour mener à bien la reconnaissance du Thlew-ee-choh-dezeth. En donnant aujourd'hui à cette rivière le nom de Grande Rivière Back, les géographes ont rendu à cet officier la justice que méritaient ses talents; mais il est aussi un tribut de reconnaissance que n'oublieront pas de lui payer les amis de l'humanité : il l'a bien dignement acquis par son dévouement envers des infortunés que l'on supposait dans une horrible détresse, et par sa sollicitude envers son équipage, heureusement échappé aux dangers de tous genres de cette expédition, sur la terre, sur les flots, sur la glace, au milieu des peuplades d'Indiens et d'Esquimaux, à travers les horreurs de la famine et les rigueurs du froid.

P. C.

AVIS.

Le lecteur trouvera souvent dans le courant du texte les mots *Cache*, *Pemmican*, *Portage*, *Terres stériles*, dont il n'est pas inutile de donner une explication.

Cache. — On entend par ce mot français, dont on fait usage dans le pays, un endroit secret et abrité où les voyageurs déposent les divers objets d'approvisionnement dont ils ne veulent pas s'embarrasser, et qu'ils reviendront prendre plus tard.

Pemmican. — (Voir appendice 2ᵉ vol. page 331.)

Portage. — C'est un de ces mots que de nouveaux usages, provenant de la nature même du pays, avaient fait naître dans nos colonies, et que nos voyageurs avaient consacrés. L'Académie finissait par leur donner sa sanction. Voici ce qu'elle dit pour celui-ci, édition 1836 :

« *Faire portage* se dit en parlant de certains fleuves, comme celui de Saint-Laurent, où il y a des sauts qu'on ne peut remonter ni descendre en canots, et signifie porter par terre le canot et tout ce qui est dedans, au-delà de la chute d'eau.

« *Portage* se dit aussi des endroits d'un fleuve où sont des chutes d'eau qui obligent à faire portage.

Terres stériles (Barren Grounds). — C'est une grande étendue de pays plus ou moins entrecoupée de collines et de roches, mais sans montagnes, entre le 60ᵉ et le 68ᵉ degré de latitude N., et à l'E. du 112ᵉ degré de longitude. Excepté en quelques parties alluviennes sur les bords des plus grandes rivières, où l'on trouve de l'épinette blanche, elles n'offrent au voyageur d'autre arbrisseau que le bouleau nain à certains endroits (*Betula glandulosa*).

(N. du T.).

Toutes les mesures du texte sont anglaises : on a mis leurs valeurs en mesures françaises quand cela a été jugé nécessaire.

VOYAGE
DU CAPITAINE BACK.

CHAPITRE PREMIER.

Départ d'Angleterre. — Arrivée à Montréal, préparatifs de l'expédition. — Le feu prend à notre hôtel. — Départ de la Chine. — Le Saint-Laurent. — L'Ottava. — Lac Huron. — Saut de Sainte-Marie. — Arrivée au fort William. — Répartition du bagage. — Chute de la Montagne. — Lac de la Pluie. — Arrivée au fort Alexandre. — Observations magnétiques. — Entrevue avec le gouverneur Simpson. — Arrivée à Norway-House. — Difficulté de se procurer des hommes pour le service. — Départ de Norway-House.

Je m'embarquai, un dimanche 17 février 1833, sur *l'Hibernia*, paquebot de Liverpool, commandé par le capitaine Maxwell; j'étais accompagné de M. King et de trois volontaires, dont deux s'étaient formés dans l'expédition de sir John Francklin. La traversée fut assez pénible; nous demeurâmes long-temps engagés au milieu des glaces du banc Saint-Georges, et ce fut seulement après trente-cinq jours que nous parvînmes à New-York, où nous attendait l'accueil le plus empressé. Toutes les classes d'habitans s'y montrèrent jalouses de contribuer au succès de notre expédition. On nous exempta des formalités de douane; et lorsqu'il fut question de nous rendre à Albany, les propriétaires du bateau à vapeur *l'Ohio* mirent ce beau navire à notre disposition. Plus d'un millier d'habitans, en tête desquels se trouvait notre ami M. Buchanan, consul anglais, se rassemblèrent sur le quai au moment de notre départ et nous saluèrent de trois acclamations cordiales.

D'Albany nous continuâmes notre voyage en voitures ou en charrettes, selon l'état des chemins; nous atteignîmes Montréal le 9 avril, précisément la veille du jour où, six mois auparavant, j'avais mis dans mes projets d'arriver en cette ville. M. Keith, agent principal de la compagnie de la baie d'Hudson au village de la Chine, ne tarda pas à me faire savoir que le matériel de l'expédition serait prêt à l'époque fixée; toutefois il n'espérait guère pouvoir enrôler à notre service autant de voyageurs capables que nous en avions demandé; et il m'engageait à les choisir moi-même parmi les vieux *hiverneurs* (winterers) qui fréquentaient les dépôts de la compagnie par lesquels je devais passer. Il m'apprit aussi que le gouverneur résident, M. Simpson, déjà prévenu par des dépêches d'Angleterre, se trouvait en mesure de coopérer efficacement au succès de notre entreprise.

Le bruit de notre arrivée ne se fut pas plus tôt répandu à Montréal, que le lieutenant-colonel Macdougall, commandant de la ville, les officiers de la garnison et les principaux habitants, s'empressèrent auprès de nous, veillant à ce que nous fussions entourés de toutes les jouissances de la vie civilisée, du sein de laquelle nous devions bientôt sortir.

Je profitai de ce temps pour déterminer rigoureusement la marche des chronomètres, et pour faire, avec des aiguilles de Dollond et de Hansteen, une série d'expériences sur l'inclinaison et l'intensité magnétiques. Ces travaux, joints aux nombreux détails de notre équipement, nous occupèrent sans relâche, M. King et moi, jusqu'à l'instant du départ.

Cependant j'éprouvai un avant-goût des tribulations qui m'attendaient dans l'épineuse entreprise où je m'étais embarqué; des symptômes de mutinerie éclatèrent chez deux des hommes partis avec moi d'Angleterre : ils refusaient d'aller plus loin, sans alléguer toutefois aucun motif précis, mais laissant facilement deviner que l'expression de la sympathie publique ayant exagéré à leurs yeux les dangers à courir, une vague terreur s'était soudainement emparée de leur esprit. Après les avoir convaincus de la défaveur qui accompagnerait cette défection, je les expédiai, par l'entremise de M. Keith, à un des postes éloignés de la compagnie, et non seulement je fus délivré de la crainte de perdre leurs services; mais je pus même conserver l'espérance d'en tirer bon parti par la suite. Néanmoins cet incident me montra le peu de confiance que je devais fonder sur des hommes qui, reculant à la seule idée de dangers éloignés, avaient été sur le point d'abandonner un dessein que deux mois auparavant ils avaient embrassé avec l'ardeur la plus vive et le zèle le plus déterminé. Je crus donc devoir profiter des offres du capitaine d'artillerie Anderson, et recevoir les engagements de quelques uns de ses meilleurs hommes enflammés du désir de m'accompagner. J'obtins du gouverneur-général un congé pour quatre d'entre eux. L'empressement de ces auxiliaires me prêta de nouvelles forces; j'y voyais une garantie contre ceux qui voudraient se montrer mutins par la suite, et j'avais des hommes éprouvés sur lesquels je pouvais compter aux instants les plus critiques.

Dans la soirée du 24 avril, le feu éclata à notre hôtel à l'instant même où nous allions le quitter. Un spectacle y avait attiré une grande quantité de monde, et surtout des dames, dont la plupart ne purent se dérober à la violence de l'incendie que par les fenêtres les plus élevées. Heureusement mon bagage était en grande partie déménagé; je n'eus à regretter que la perte d'un bon baromètre, perte il est vrai bien sensible puisqu'il ne me restait que celui-là en état de servir; je le devais à la gracieuse obligeance de M. Walker. Les deux baromètres venus d'Angleterre avaient souffert pendant le voyage, et je n'avais pu trouver à les faire réparer à Montréal.

Comme il me fallait engager dans l'expédition un certain nombre de *voyageurs* (1), je craignais que ces gens, fort superstitieux de leur nature, n'interprétassent comme présage de mauvais augure ce fâcheux incident. Ce ne fut donc pas sans un certain plaisir, qu'à mon arri-

(1) Ce mot est toujours en français dans le texte anglais (*n. d. t.*).

vée au village de la Chine le matin suivant (25 avril), en compagnie de mon ami le colonel Macdougall, je trouvai nos gens trop absorbés par de copieuses libations en l'honneur de Bacchus pour être accessibles à toute autre influence.

Malgré les alarmes et les fatigues de la nuit précédente, des officiers de la garnison se réunirent à un grand nombre d'habitants de la ville pour nous offrir un dernier témoignage d'affection. Nous nous embarquâmes au milieu des plus vives acclamations et au bruit des décharges de mousqueterie; nos deux canots glissèrent rapidement sur la surface unie du canal, en présence d'une foule nombreuse qui se pressait sur les rives; en quelques minutes nous atteignîmes le Saint-Laurent, et au moment où nous tournâmes vers ce beau fleuve la proue de nos petites embarcations, un houra prolongé s'éleva sur la rive et vint nous apporter le salut d'adieu.

Le bagage avait été réparti également entre les ballots, de manière à donner à chacun le poids de 90 lbs. (40, 8 kil.). Nous n'en comptions guère qu'une cinquantaine; aussi quoique fort encombrés, nous n'étions qu'à demi chargés; condition favorable pour faire diligence, même avec l'équipage le plus médiocre. Le nôtre présentait un mélange inévitable de jeunes novices sans expérience et de vieux routiers, nommés vulgairement *mangeurs de lard;* à peine en pouvait-on compter un seul parmi eux qui eût fait faute à la dernière occasion de s'ivrogner. A la tête de l'équipage était Paul, vieux pilote iroquois, qui sauf l'amour qu'il professait pour la bouteille, était d'un prix vraiment inestimable, car il connaissait la position de toutes les roches dangereuses entre Montréal et la baie d'Hudson.

Tournant à droite, nous entrâmes dans l'Ottava; semblable à la Moselle au confluent du Rhin, cette rivière continue quelque temps après sa jonction à rouler ses flots brunâtres sans les mélanger avec les eaux limpides du fleuve Saint-Laurent.

Lorsque nous passâmes devant un des villages qui bordent la rive, les plus dévots de nos *voyageurs* descendirent à terre devant une grande croix élevée à quelques pas de l'église; et là, dans une attitude contemplative, ils se mirent à implorer la protection de leur saint patron pour notre entreprise périlleuse, tandis que leurs compagnons, peu touchés de ces pieux sentiments, leur criaient à tue-tête de s'embarquer, et maniaient leurs avirons en répétant sur un ton burlesque une joyeuse chanson de bord. — Nous atteignîmes bientôt le rapide Sainte-Anne, où un de nos canots éprouva une légère avarie; et nous campâmes sur une île dans le joli lac des Deux-Montagnes.

Comme nous avons suivi exactement la route où passent, à chaque saison, les gens de la compagnie, et qu'on la trouve décrite par Mackenzie et par d'autres voyageurs plus récens, il serait superflu de donner ici un détail minutieux de notre marche; il suffira d'indiquer quelques unes des principales localités que nous visitâmes entre le poste de la Chine et l'extrémité sud-ouest du grand lac de l'Esclave, où commencent véritablement nos découvertes.

Par l'obligeance du colonel Duvernet, nous pûmes traverser le canal du Gouvernement qui fait éviter le dangereux rapide du Longsaut; nous fûmes ensuite pris à la remorque par le bateau à vapeur qui fait le service entre ce rapide et Bytown, village assis sur des hauteurs dans une position magnifique, entre le Rideau et les chutes de la Chaudière; on y déplorait, à notre passage, la perte de plusieurs conducteurs de radeaux, engloutis la veille dans les chutes. N'ayant pu faire agréer au lieutenant Kains, commandant le bateau à vapeur, la moindre rémunération pour le service qu'il nous a rendu, il ne me reste qu'à consigner ici mes remerciements.

Durant la nuit, deux de nos jeunes gens désertèrent. Je n'en ressentis pas la plus légère inquiétude; c'est un accident auquel on doit toujours s'attendre, si bien que pour y parer, on enrôle généralement quelques hommes en supplément.

28 avril 1833. — Nous étions arrivés à un *portage*; (il est presque inutile de dire que l'on entend par ce mot l'endroit où, la navigation étant forcément interrompue par un accident de terrain, il faut *porter* le bagage et les embarcations). Nous y trouvâmes à déjeûner dans la maison d'un Indien, trafiquant de fourrures, appelé *Day*. Ce bon vieillard était si enthousiasmé du but de notre expédition, qu'il ne fallait rien moins que son grand âge pour l'empêcher de nous offrir ses services. — Je retrouvai au poste de la compagnie, appelé le fort des Chats, mes trois hommes de Montréal; je les embarquai ainsi que dix-sept ballots apportés d'avance par le bateau à vapeur. Nous poursuivîmes au travers des rapides jusqu'au fort Collonge, n'apercevant sur notre route que des maisons isolées et de rares habitants; aussi, quelle ne fut pas ma surprise, lorsqu'à mon retour en 1835, je trouvai en ces mêmes

lieux un grand nombre de maisons confortables, élevées au milieu du riant aspect des champs de blé, et animées par des groupes d'hommes et de femmes que la curiosité attirait aux fenêtres et sur le rivage.

Laissant l'Ottava, nous nous dirigeâmes à gauche, sur des eaux noires et profondes, bordées de rochers menaçants et d'arbres desséchés; l'on eût dit le séjour de la tristesse et du désespoir, tant l'aspect en était désolé et dénué de vie; il me revint aussitôt en mémoire une admirable peinture représentant Sadak en quête des eaux de l'oubli. — Ayant atteint le lac Nipising, nous descendîmes par la rivière des Français dans le lac Huron; mais là, notre marche fut si souvent contrariée par les brumes et le vent que nous ne pûmes arriver avant le 11 mai, au Saut de Sainte-Marie, qui forme à l'extrémité du lac la dernière limite du monde civilisé. Je retrouvai là une de mes anciennes connaissances, M. Béthune, qui fut un peu surpris de nous voir arriver sitôt. La grande quantité de glaces flottantes répandues sur le lac Supérieur l'avait empêché d'expédier avant le 1er mai les dépêches mentionnées par M. Keith; elles étaient parties d'Angleterre dès le mois de décembre, et n'avaient plus que onze jours d'avance sur nous. Je n'éprouvai dans cette circonstance d'autre regret que de voir le peu de temps dont pourrait disposer le gouverneur résident, M. Simpson, pour s'employer efficacement en notre faveur; j'avais grand besoin de son secours bienveillant, soit pour compléter le nombre de mes volontaires qui ne montait encore qu'au tiers de celui qui m'était indispensable, soit pour terminer plusieurs affaires importantes que le gouverneur seul pouvait arranger convenablement.

La rareté des vivres dans l'intérieur nous força de prendre ici un supplément de provisions pour cinq semaines; il fallut acheter un troisième canot pour les transporter. Avant de quitter le Saut de Sainte-Marie, je rendis visite aux officiers de la garnison américaine. Il est inutile de dire que leur accueil fut en parfaite harmonie avec les sentiments qu'on nous avait manifestés dans l'État de New-York. Mais l'officier commandant, le capitaine Baxly, voulut joindre à la gracieuse réception qu'il nous avait faite une preuve plus palpable de ses bonnes dispositions à notre égard, et il nous envoya des pièces de venaison préparées, des langues, et quelques friandises.

Nous n'éprouvâmes aucun retard notable en traversant la partie septentrionale du lac Supérieur. Au poste, qu'on appelle *le Pic*, nous fûmes approvisionnés de beurre frais et de poisson par mon vieil ami, M. Mac-Murray. Il fit tous ses efforts pour nous retenir avec lui pendant la nuit; l'apparence du temps était si engageante que nous résistâmes courageusement. Mais à peine étions-nous en route qu'une brume épaisse nous entoura, et mit si bien en défaut toute la science de notre guide, qu'à notre grande mortification force nous fut d'acoster la terre.

Notre débarquement, au fort William, le 20

mai, étonna beaucoup M. Mac-Intosh, l'employé de service; car nous étions au moins de douze jours en avance sur l'époque où l'on avait commencé, dans la saison précédente, à voir arriver des canots légers. Nous échangeâmes, à ce poste, nos grandes embarcations pour de plus petites, mieux appropriées aux innombrables difficultés de la navigation intérieure; j'en trouvai deux excellentes que le gouverneur Simpson avait fait construire pour nous, sous la direction de M. Mac-Intosh. Un jour entier fut consacré à visiter nos provisions et nos instrumens, et à les emballer de nouveau; on répara aussi notre *canot du nord* (north canoe), amené de Montréal : les deux autres auraient été trop chargés pour naviguer sur les eaux peu profondes du Kaminestiquoia. Comme il y avait assez de monde pour manœuvrer les trois embarcations, cette addition n'occasionna aucun surcroît de dépense.

Le *voyageur* canadien est fort original, mais il est surtout susceptible, je dirais même chatouilleux, sur un point : c'est sur l'équitable distribution des ballots entre les canots qui font partie d'une même expédition. Leur susceptibilité est fondée sur d'excellentes raisons ; car, en supposant les embarcations tout-à-fait semblables d'ailleurs, la plus légère différence dans les charges en produira une grande dans les vitesses relatives, et occasionnera de plus longs retards aux portages. Pour éviter toutes contestations, le guide est dans l'usage de distribuer la charge entière en différents lots que les hommes des équipages tirent à la courte-paille. Les arrêts du sort sont sans appel, et chacun obéit, non sans se réjouir ou murmurer, selon sa bonne ou sa mauvaise fortune.

Les formalités préliminaires étant terminées, nous prîmes congé de notre aimable hôte, et nous allâmes camper auprès de la chute imposante Kakabikka, communément nommée, par les voyageurs, *Chute de la montagne*. Le major Long et sir J. Francklin l'ont parfaitement décrite et en ont donné des vues ; cette chute est moins considérable que celles du Niagara et de Wilberforce, mais son aspect est bien plus pittoresque.

Le canot des dépêches nous joignit, le 26 mai, au Portage de Savannah ; j'en profitai avec empressement pour écrire à M. Simpson, et lui demander des hommes et des provisions ; je le priai aussi de prendre certains renseignements sur la route la plus facile à suivre pour atteindre la rivière Thlew-ee-Choh.

En descendant le cours étroit du Savannah, l'un de mes volontaires de l'artillerie cherchant à ouvrir au milieu des arbres flottants un passage à nos canots, glissa hors de l'embarcation, et peu s'en fallut qu'il ne se noyât ; mais il supporta cet accident avec tant de calme et de bonne humeur, que le guide Paul, dans un mouvement d'admiration, lui prédit qu'il ferait un excellent *voyageur*.

Le 30 nous traversâmes le lac de la Pluie ; il justifia bien son nom, car nous y fûmes accueillis par une pluie battante qui nous mouilla jusqu'aux os. — Il n'y avait ni viande ni poisson à l'établissement de la compagnie; et le riz (*riz sauvage, folle avoine, zizania aquatica*) qui se récolte ordinairement en abondance dans les terrains marécageux des environs du lac, avait manqué cette année.

Nous campâmes dans le lac des Bois sur une petite île entièrement couverte de raquettes (*cactus opunctia*); nos hommes n'y pouvaient faire un pas sans avoir les pieds remplis d'épines.

Le 6 juin nous débarquâmes au fort Alexandre, à l'extrémité méridionale du lac Winnipeg; je m'attendais à y trouver le gouverneur, aussi fus-je passablement désappointé d'apprendre qu'il n'y viendrait pas avant quelques jours. Cependant le canot des dépêches ayant quitté le fort la veille, il était probable que le gouverneur se trouvait déjà en possession de ma lettre, et en conclurait certainement que je ne devais pas être loin d'arriver.

Il était pour moi, de la plus haute importance d'avoir une entrevue avec M. Simpson; craignant de me croiser avec lui, si je tentais d'aller à sa rencontre, je préférais l'attendre à l'établissement.

Pour donner le change à mon impatience, je fis examiner les provisions et exposer au soleil celles que la pluie avait un peu avariées, après quoi on les emballa de nouveau avec le plus grand soin. Je fis aussi une suite d'observations sur l'inclinaison de l'aiguille aimantée, elles me donnèrent 79° 12′ (1); résultat différant de 25 minutes avec celui qui avait été obtenu précédemment. Les oscillations de l'aiguille et les inclinaisons furent observées alternativement sur les deux faces de l'instrument; l'accord des résultats était assez satisfaisant excepté pour l'aiguille n° 2, *retournée*, la face de l'instrument étant vers l'est; dans ce cas, je remarquai une différence considérable sur le

---

(1) Obtenu par l'instrument sans aucune correction pour la température.

nombre des oscillations, ainsi que sur la position où l'aiguille s'arrêtait. Une seconde expérience ayant confirmé cette anomalie, je demeurais fort embarrassé pour l'expliquer, lorsqu'une heure après plusieurs personnes venant du côté de l'ouest, m'apprirent qu'elles avaient été surprises à peu de distance par une forte averse accompagnée de tonnerre. Pour nous le temps avait été étouffant presque toute la matinée, et l'atmosphère autour du fort n'avait éprouvé aucun changement sensible.

Parmi les gens partis avec nous de Montréal, se trouvait un volontaire, nommé Larke, grand gaillard de belle apparence, qui vraiment s'était donné beaucoup de mal pour être reçu dans l'expédition. Il avait passé presque toute sa vie dans les bois, et paraissait réunir au plus haut degré les conditions requises pour une excursion aventureuse, aussi s'était-il attiré l'admiration générale par son air déterminé; il semblait vouloir tout abattre. Cependant cet homme vint à moi, et d'un ton contrit me supplia de lui accorder son congé, « voyant bien, disait-il, que nous allions tous » mourir de faim; et étant fermement décidé à » ne pas faire un pas de plus. » Une telle pusillanimité était absolument incompatible avec les exigences de notre expédition, pour laquelle il fallait faire le sacrifice complet des commodités de la vie, et se sentir pénétré d'enthousiasme, je dirais même entraîné par une sorte de fanatisme. Je ne fus donc pas fâché que la disette se fût laissé sitôt entrevoir, car si de pareilles faiblesses se fussent manifestées durant l'expédition dans quelque conjoncture un peu critique, nul doute que la contagion de la peur n'eût gagné d'une manière désolante. Notre homme obtint le congé qu'il demandait; mais j'y ajoutai une note sévère où je priais la compagnie de le retenir au service dans quelque poste éloigné pendant toute la durée de son engagement contracté pour trois ans.

M. H. Berens, qui revenait de la colonie de la rivière Rouge, m'apporta l'agréable nouvelle de la prochaine arrivée de M. Simpson; et comme ce dernier comptait retourner en Angleterre sans passer par le dépôt de *Norway-House*, où l'idée m'était d'abord venue d'aller à sa rencontre, je me félicitai de l'avoir patiemment attendu; j'avais néanmoins la certitude que, même sans cette entrevue, rien n'eût été négligé pour l'accomplissement de mes plans. J'appris avec plaisir de M. Berens l'état prospère de la colonie de la rivière Rouge: malgré les mauvaises récoltes de l'année précédente, la viande valait de 3 à 4 sous la livre, et les œufs 6 sous la douzaine.

10 juin. — Le gouverneur Simpson arriva enfin; il me fit part des mesures qu'il avait prises en notre faveur, ainsi que des résultats d'une délibération tenue entre quelques uns des principaux officiers de la compagnie.

Tout ce qui pouvait nous être utile avait

été admirablement prévu; les magasins nous étaient ouverts sans restriction; plusieurs personnes spécialement désignées, à cause de leur expérience et de leurs connaissances locales, avaient reçu la mission de nous protéger contre l'éventualité de certains dangers auxquels nous exposerait notre éloignement dans le Nord. Une partie des fournitures commandées l'année précédente, étaient déjà à Cumberland-House, et le reste devait y arriver avant nous. Quant au pemmican (1), M. Simpson présumait qu'on n'avait pu en réunir une grande quantité, à cause de l'émigration des buffles dans le voisinage de Carlton et d'Edmonton, postes principaux où se prépare cette provision indispensable. Cependant des ordres avaient été transmis pour en faire des dépôts sur toute la route, jusqu'au grand lac de l'Esclave.

Le gouverneur engagea deux hommes de

---

(1) C'est de la chair de bison séchée, broyée et mêlée avec de la graisse de bœuf fondue.

plus dans l'expédition, et me conseilla de me rendre le plus tôt possible à Norway-House, afin d'y choisir un bon équipage sur les brigades de bateaux qui s'y réunissent pour gagner la baie d'Hudson.

M. Simpson me remit aussi deux lettres, qui donnent une idée si élevée de ses sentiments, que je ne peux résister à l'envie de les transcrire ici, bien qu'elles n'aient point été destinées à l'impression. Si j'en juge par ce que j'ai éprouvé moi-même, M. Simpson n'aura certainement pas à se plaindre de l'accueil que le public leur fera; et d'ailleurs j'ai besoin de faire comprendre toute ma reconnaissance envers ce digne gouverneur, si profondément pénétré du sentiment de notre mission philanthropique qu'il est parvenu à enflammer de la même ardeur tous ceux qui l'entouraient.

Au capitaine Back, officier de la marine royale, commandant l'expédition de découvertes aux Terres polaires arctiques.

Établissement de la rivière Rouge, 7 juin 1833.

« Mon cher Monsieur,

» On m'a remis hier seulement vos deux
» bonnes lettres, l'une datée de Londres, du
» 14 décembre 1832, l'autre du Gros-Cap,
» au lac Supérieur, datée du 12 mai 1833.

» Je regrette bien sincèrement que des cir-
» constances impérieuses me forcent à renoncer
» au plaisir de me rencontrer avec vous : ma
» santé est si dérangée qu'il faut absolument me
» rendre d'ici au Canada, pour de là passer en
» Angleterre. Les forces me manquent pour
» tenir la plume, et je suis obligé de recourir
» à mon secrétaire.

» Mais je peux vous assurer, mon cher capi-
» taine, que j'ai conservé toutes mes forces pour

» lire vos lettres, et pour examiner le projet
» imprimé de votre expédition. Les vues philan-
» thropiques qui vous dirigent exciteront les
» sympathies de tous ceux qui se trouveront en
» relation avec vous; quant à moi, personnel-
» lement et en ma qualité de fonctionnaire, je
» suis jaloux de vous seconder dans vos plans
» et je ne peux assez me réjouir de voir cette
» entreprise confiée à vos soins : c'était une
» juste récompense de votre expérience et des
» talents dont vous avez fait preuve dans les pré-
» cédents voyages de découvertes auxquels vous
» avez pris une part si méritoire.—Dieu seul con-
» naît le sort de ceux que vous allez recher-
» cher; mais si nous avions à déplorer la réali-
» sation de nos craintes, il nous resterait à tous,
» à vous surtout, monsieur, et à vos compa-
» gnons, la consolation d'avoir rempli les devoirs
» qu'impose l'humanité envers des malheu-
» reux dont on ne saurait envisager sans frisson-
» ner l'horrible destinée. D'ailleurs votre voyage
» ne serait pas entièrement inutile, les fatigues

» et les frais en seraient largement compensés
» par des acquisitions précieuses pour la science
» et pour la géographie.

» J'approuve complètement l'opinion de
» M. Keith, quant à la nécessité absolue de ne
» prendre avec vous que des hommes pratiques
» du pays, et habitués à supporter les fatigues
» de ce genre de voyages.

» Je crois bien qu'il sera assez difficile de
» vous trouver des volontaires, aussi m'estimé-
» je heureux de confier cette tâche importante à
» MM. Cameron et Christie, facteurs en chef de
» la compagnie, dont les connaissances locales
» seront précieuses pour vous. — M. Charles
» compte vous rencontrer à la rivière Jacques ;
» il vous portera le tribut de son expérience et
» vous fera part de tout ce qu'il sait sur les en-
» virons du lac de l'Esclave. — Vous trouverez
» sous ce pli la lettre que le conseil adresse à
» quatre officiers de la compagnie, tous hom-
» mes de cœur et de tête ; ils demeureront à

» votre disposition, et vous pourrez compter
» sur eux en toute occasion.

» En finissant, je vous répète que toutes nos
» ressources sont à vous et à vos compagnons,
» que vous pouvez disposer de nos embarca-
» tions, et que nos magasins vous sont ouverts.
» Avec cette lettre vous pouvez vous présenter
» partout et réclamer en toute occasion aide,
» secours et protection.

» Agréez, monsieur, etc.

» Georges SIMPSON. »

Voici la lettre qui était renfermée dans la précédente.

A Alexandre R. Mac-Leod ou à Simon Mac-Gillivray, écuyers; à Mr John Mac-Leod ou à Mr Murdoch Mac-Pherson.

Etablissement de la rivière Rouge, 5 juin 1833.

« Messieurs,

» Le gouverneur, le comité et la Société Arc-

» tique, viennent de décider une expédition
» à laquelle s'intéressent au plus haut degré le
» gouvernement et la nation anglaise; elle doit
» aller à la recherche et au secours du capi-
» taine Ross et de son équipage ; Dieu veuille
» qu'il en soit encore temps ! Elle a aussi pour
» but de faire la reconnaissance géographique
» de cette région encore inconnue qui s'étend
» du cap *Turnagain* au détroit de *Fury and*
» *Hecla*.

» Le commandement de l'expédition a été
» confié au capitaine Back, de la marine royale.
» Le gouverneur et le comité ont pris la ré-
» solution de ne rien épargner pour seconder
» cet officier dans l'accomplissement de sa
» grave mission ; notre plus grand désir est
» donc qu'il trouve partout une coopération
» intelligente et active.

» Le capitaine Back demande l'assistance
» d'un des officiers de la compagnie ; ne
» voyant personne qui soit plus apte à remplir
» cette fonction que l'un de vous, messieurs,

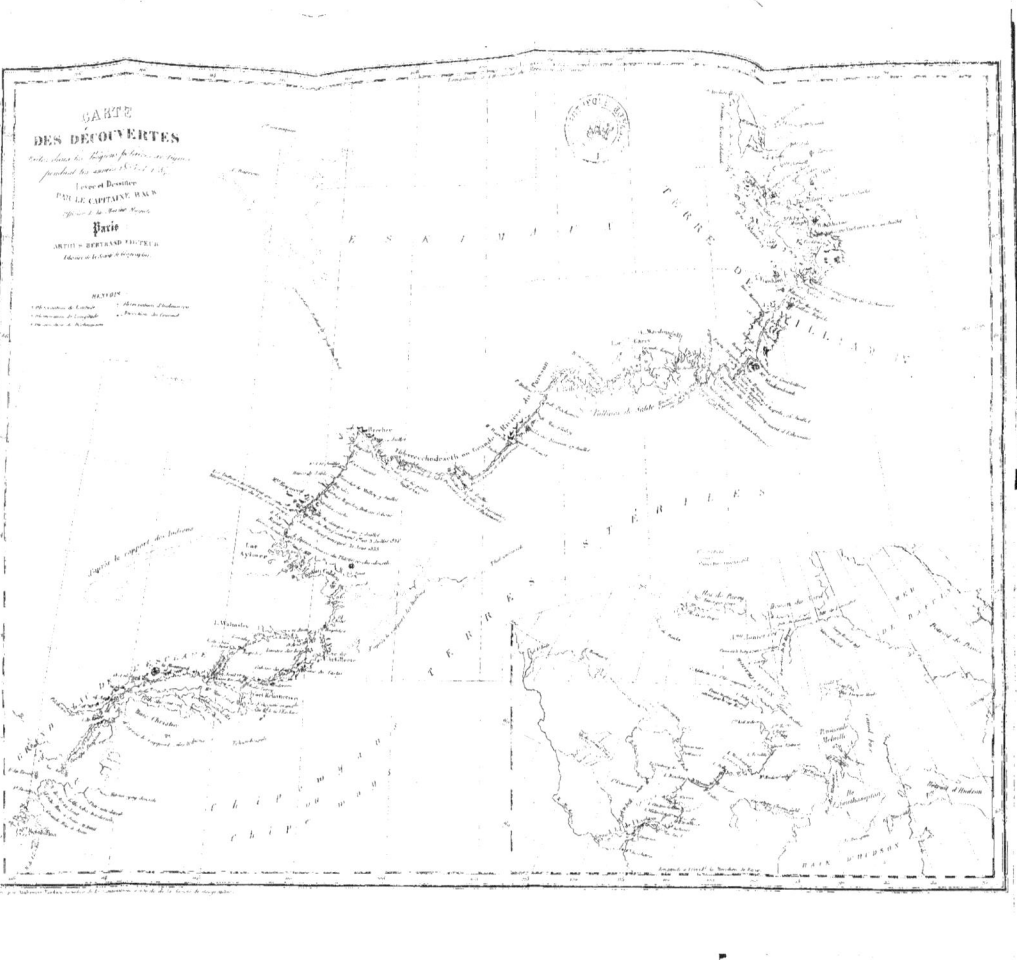

» nous vous faisons ici un appel dans l'ordre où
» vos noms sont inscrits en tête de cette lettre;
» enjoignant à celui qui voudra bien y répon-
» dre de se mettre immédiatement sous les or-
» dres du capitaine Back.

» Et comme les dangers et les fatigues de ce
» service extraordinaire donneront, à celui
» qui les supportera, des droits incontestables à
» une récompense, nous vous promettons ici,
» de la manière la plus formelle, notre appui
» et notre protection pour vous faire obtenir
» dans les promotions prochaines, à chacun
» selon votre grade, l'avancement que vous
» aurez mérité.

» Je suis, messieurs, etc.

» Georges SIMPSON. »

Tout satisfait que j'étais de ces arrangements, je sentais bien néanmoins qu'il me faudrait un temps considérable pour réunir tout mon monde, toutes mes provisions, et pour me transporter dans l'intérieur par des routes inconnues; d'après cela, il paraissait sérieusement difficile, sinon tout-à-fait impossible d'atteindre la mer Polaire dans l'automne. Ce mécompte ne changeait rien quant au but principal de notre voyage, car le plus présomptueux d'entre nous ne s'était jamais bercé de l'espoir d'arriver avant l'été de 1834 dans les parages où pouvaient se trouver le capitaine Ross et ses malheureux compagnons ; cependant j'aurais voulu découvrir une route directe pour parvenir à la rivière Thlew-ee-Choh, et de là à la mer, pendant que nos bateaux chargés se seraient rendus au grand lac de l'Esclave ; cette entrée en campagne aurait inspiré à mes hommes ce genre d'émulation et d'activité dont on ne fait guère preuve avant d'avoir été arraché de ses habitudes et jeté sur un terrain nouveau.

Après le départ de Mʳ et de Mᵉ Simpson, je me préparai à quitter le fort Alexandre, au grand contentement de mes *voyageurs*. Les moustiques les avaient tellement harcelés, qu'ils soupiraient après les froides brises du lac Winnipeg pour s'y donner le régal d'un sommeil paisible. Mon compagnon, M. King, en avait le plus souffert; et ce tourment lui était d'autant plus cruel, que tout-à-fait insensible aux morsures de nos insectes d'Angleterre, il s'était imaginé jouir en Amérique des mêmes priviléges. Mais il avait compté sans les infatigables buveurs de sang qui s'acharnaient sur lui; on l'eût plongé dans le Styx qu'il n'y eût point échappé; ses traits en étaient tellement défigurés que, lorsqu'il se levait le matin, on avait peine à reconnaître l'ami de la soirée précédente.

Nous quittâmes l'établissement, le 11 juin, à quatre heures du matin; mais le vent souffla trop dur pour nous permettre de gagner plus de trois milles, ayant à lutter contre les vagues qui brisaient en plein sur les deux côtés des embarcations; force fut donc de camper. Nous aperçûmes très peu d'oiseaux, pas un ne parut aux environs du fort; je me rappelais cependant avoir vu autrefois beaucoup de pigeons, et nous n'étions pas à plus d'une journée de marche de la colonie de la Rivière Rouge, où les terres en sont, dit-on, couvertes.

Nous fîmes beaucoup de chemin le 12, et le jour suivant. Le temps était devenu incertain et orageux, on apercevait des oies, des canards, des pluviers, des mouettes et des hirondelles de mer, çà et là, sur la côte orientale du lac; cette côte, différente de celle du nord où sont des montagnes calcaires, est composée de roches granitiques lisses et arrondies alternant avec des parties basses et avec du sable; derrière elle s'étend au loin une contrée marécageuse.

A la vue de la végétation active qui se montrait sur les nombreux sillons de sable répandus dans les baies entre les rochers, je conjecturai que de ce côté le rivage s'avançait continuellement dans le lac; cette opinion semble confirmée par ce fait, que, sur le bord opposé, la Compagnie a été forcée, à cause de l'envahissement des eaux, de changer la position de l'ancien établissement de Norway-House; les vagues avaient si bien miné les rives, qu'elles venaient briser à quelques pieds seulement d'un édifice éloigné du lac en 1819 d'au moins trois cents yards (274 mètres). — On ne remarqua qu'un petit nombre de pélicans; ces oiseaux se tiennent très fidèlement auprès des endroits où le poisson abonde, et nos Canadiens augurèrent de leur rareté que la pêche de la saison serait médiocre.

Le 17 juin, ayant hissé le pavillon de la Compagnie, nous débarquâmes au poste de Norway-House, sur la rivière Jacques. Nous y fûmes reçus cordialement par MM. Christie, Rowand, Lewis et Donald Ross, pour la plupart desquels j'avais des lettres de mon excellent ami M. Garry. Ils s'occupèrent immédiatement de nos affaires. Mais, malgré leur bonne volonté, nous fûmes entravés par les prétentions exorbitantes des hommes les mieux disposés en apparence à s'engager. Malheureusement, le passage des gens qui se rendent aux postes éloignés était à peu près terminé; j'avais à choisir seulement parmi les traînards. Ceux-ci, par répugnance ou par avidité, voulaient jouir des mêmes priviléges et des mêmes salaires que les hommes engagés autrefois sous le commandement de sir J. Francklin, dans les deux expéditions du gouvernement.

Quelque déraisonnable que nous parut cette demande, il fallut céder faute de mieux, et encore eus-je beaucoup de peine à les faire capituler. Je leur traçai sur une carte la ligne projetée de nos opérations, glissant légèrement sur les dangers, exagérant les ressources, et, pour terminer, donnant un vigoureux coup d'éperon au courage assoupi d'un montagnard, James Mac-Kay, que je fis consentir à être des nôtres; c'était un homme d'une grande influence, l'un des meilleurs patrons du pays. Son exemple ne tarda pas être suivi, et ma troupe fut complète, à deux individus près. Deux jours suffirent pour équiper les nouveaux enrôlés. J'envoyai en avant M. King avec quinze hommes et des instructions écrites, à Cumberland-House, où l'on avait rassemblé beaucoup de provisions, soixante sacs de pemmican et deux autres bateaux. Moi, je demeurai pour m'assurer un autre patron et un rameur pour un canot. Mon intention était d'aller en avant par l'Athabasca jusqu'au grand lac de l'Esclave, où j'espérais trouver une route pour le Thlew-ee-Choh, et où dans tous les cas je devais faire choix d'une bonne position pour y établir notre résidence pendant l'hiver. A peu près à la même époque, M. Christie se mit en route avec quelques autres personnes pour la factorerie d'York. Il me promit de m'envoyer un interprète esquimaux, soit mon vieux compagnon Augustus, attendu en ce moment de la côte de Labrador, soit un jeune homme appelé Dunning, alors à Churchill, et recommandé par le gouverneur Simpson, comme très capable de remplir cette fonction.

Il ne restait plus au dépôt que MM. Cameron,

Lewis, Ross et moi. Je comptais impatiemment les heures et les minutes, dans l'attente des troupes de *voyageurs*, parmi lesquelles j'espérais trouver le complément de mon équipage. Je les vis enfin arriver, et je ne me tins pas de joie quand je pus coucher sur ma liste deux de mes anciennes connaissances, dont le mérite m'était connu de longue date, deux braves Canadiens, qui se présentèrent tout essoufflés, tant ils avaient hâte d'être admis. Je donnai ordre qu'on préparât leurs engagements ; mais, hélas ! je comptais sans l'influence conjugale : mes deux recrues n'avaient point consulté leurs femmes avant de faire leur coup de tête, et au moment où ils rentrèrent dans leur campement, ils se trouvèrent face à face avec leurs chères moitiés. La première, grande gaillarde bien découplée, coiffa rapidement son mari de soufflets si durs et si drus, qu'elle le fit crier miséricorde ! et le força d'aller chercher abri sous la tente d'un ami : l'autre, au contraire, douce et sentimentale jeune fille de 17 ans, fondit en larmes, poussa des sanglots à fendre le cœur, et se jetant au cou de son époux adoré, lui fit de ses deux bras une charmante prison. Ce qu'il y a de singulier, c'est que deux procédés si différents eurent un égal succès; il fallut donc me pourvoir ailleurs.

Le 26, je n'avais pu recruter que George Sinclair, né dans le pays et excellent patron. Il manquait encore un volontaire; je le trouvai enfin dans la personne d'un Iroquois au service de la Compagnie; M. Cameron, voyant mon embarras, se décida à me le laisser.

Ma troupe étant complète, j'envoyai mes dépêches au gouvernement, au comité arctique, et prenant congé de mon digne hôte M. Ross, je quittai Norway-House deux heures avant midi.

Voici la liste des hommes engagés pour l'expédition :

Jacques Mac-Kay. . . } Patrons.
George Sinclair . . . }
Thomas Matthews. . . } Charpentiers.
William Matthews. . . }

John Ross . . . . ⎫
William Malley . . . ⎬ Artilleurs.
Hugh Canon . . . . ⎪
David Williamson . . ⎭
William Rowland . . ⎱ Pêcheurs.
Thomas Anderson . . ⎰
Malcolm Smith.
Donald Mac-Donald.
Morrison.
James Spence . . . ⎱ Engagés plus tard.
Peter Taylor . . . . ⎰
Charles Boulanger.
Pierre Kanaquassé.
Thomas Hassel, interprète.

Il faut ajouter à cette liste les individus dont les noms suivent et qui reçurent leur congé par la suite :

Antoine de Charloit. Pierre Ateasta.
— la Charité. Deux autres Iroquois.
Olivier Seguin. François Hoole.

CHAPITRE II.

Commencement de l'expédition. — Entrevue avec M. Charles. — Nous sommes retenus par un coup de vent. — Description de notre tente. — Tourmente. — Le grand Rapide. — Progrès de la culture. — Arrivée à Cumberland-House. — Départ des bateaux sous les ordres de M. King. — Je m'embarque dans un canot. — Manœuvre des bateaux dans les Rapides. — Ile à la Crosse. — Lac des Buffles. — Bourrasque. — Une mouffette. — Portage La Loche. — Site pittoresque. — Entrevue avec MM. Stuart et A. Macs-Leod. — Nouveaux volontaires. — Arrivée au fort Chippewyan. — Renseignemens sur la route supposée par le Fond-du-Lac. — Rivière salée. — Esquisse d'une troupe d'Indiens. — Description des sources salées. — Campement des Indiens. — Renseignemens des naturels sur les rivières Thlew-ee-Choh et Têh-Lon. — Arrivée au Fort-Résolution.

28 juin. — Ce fut un jour bien heureux pour moi! Comme je sentis mon cœur se gonfler de joie et d'espérance lorsque le canot poussant au large, je me vis enfin débarrassé de ces fastidieuses difficultés inhérentes aux commencements de toutes choses, et en position de justifier les augures favorables de mes amis. Engagé désormais sans réserve dans la voie qui doit me conduire à l'accomplissement de

ma mission, j'en contemple le noble but, et je me sens emporté dans une sphère élevée de sentiments généreux!

Les rameurs travaillèrent presque sans relâche jusqu'à cinq heures avant midi; nous commençâmes alors à distinguer un petit point noir sous les falaises de sable qui avoisinent la pointe Mossy, à l'extrémité nord du lac Winnipeg; il s'approchait, et nous parut d'abord être un canot indien; mais quelle ne fut pas ma joie lorsqu'en approchant je le reconnus pour un des petits canots de la Compagnie venant d'Athabasca et portant MM. Smith et Charles! Le hasard m'offrait une entrevue après laquelle je soupirais depuis long-temps.

M. Charles avait fait subir aux Indiens de nombreux interrogatoires, et en avait tiré des renseignements assez précis sur la position de la rivière Thlew-ee-Choh : On en pouvait conclure que l'origine de ce cours d'eau se trouvait au N. E. du grand lac de l'Esclave, à peu près vers l'endroit où mon digne ami le docteur Richardson et moi-même l'avions théoriquement placé. M. Charles s'était en outre abouché avec un chef indien appelé du nom français : « *Grand-Jeune-Homme.* » Cet Indien, dont la troupe avait choisi pour lieu de chasse les environs du grand lac de l'Esclave, affirmait que les rapides du Thlew-ee-Choh ne permettraient pas à des bateaux, et même à des canots un peu grands, d'en suivre le cours; mais il ajoutait qu'en se rendant à une grande rivière appelée Têh-Lon, on éviterait ces difficultés et l'on arriverait en définitive au même point : les embouchures de ces rivières étant si voisines que la fumée d'un feu allumé sur le bord de l'une d'elles pourrait être très distinctement aperçue sur les bords de l'autre. Le chef avait fait une esquisse grossière de cette contrée; j'y reconnus en effet plusieurs parties, situées au voisinage du grand lac de l'Esclave; mais quant à la direction assignée aux cours des rivières par les Indiens, ces deux messieurs n'avaient pu rien éclaircir, et je fus moi-même tout-à-fait incapable d'arriver à une conclusion satisfaisante d'après ce qu'ils surent m'en dire. Toutefois il paraissait que ces rivières étaient poissonneuses et le pays riche en gibier; mais ce qui me comblait de joie, c'est que le chef et plusieurs des siens manifestaient le désir de nous accompagner.

Je soumis à M. Charles l'opinion de M. A. Stewart de Montréal, sur la possibilité de trouver une route praticable, partant de l'extrémité orientale du lac Athabasca; mais cet officier, plus en état que personne de juger cette opinion puisqu'il était chargé du gouvernement de ce district, me déclara n'avoir aucun renseignement sur l'existence d'une telle route.

Après m'avoir prévenu qu'il tenait des provisions à notre disposition en cas de besoin, et que M. Mackenzie en avait aussi pour nous à l'île à la Crosse; après être convenu avec moi de quelques arrangements relatifs soit aux bateaux pour le Portage La Loche, soit aux chiens dont nous aurions besoin le long de la route, il se sépara de moi, et nous poursuivîmes gaiement chacun notre voyage.

La soirée fut calme et le temps serein; si la force des matelots eût répondu à mon impatience, nous eussions passé la nuit sur l'eau; mais depuis dix-huit heures qu'ils maniaient les avirons, il eût été cruel de leur refuser un peu de repos. A 8 heures 40 minutes après midi, nous abordâmes la côte où des essaims de moustiques fondirent immédiatement sur nous.

Les falaises, depuis la pointe Mossy jusqu'à celle de New-Limestone, présentent un aspect assez remarquable. Elles sont formées d'argile recouverte de six pieds de substances végétales; les couches en sont horizontales et disposées en feuillets, comme les pages d'un livre; la couleur varie depuis le brun noirâtre jusqu'à une teinte légèrement ocreuse. Le terrain inférieur est un sable calcaire mêlé de petits fragments de même nature, roulés par les eaux.

Le lac empiète constamment sur ses bords, comme on peut le reconnaître par les innombrables débris de branches et de troncs d'arbres dont on voit dans le sol les racines encore vertes.

Le lendemain nous étions en route à trois heures du matin, aidés d'une petite brise qui nous dispensait des avirons. Mais le vieux proverbe « petite brise devient grand vent » fut bientôt justifié; en moins de deux heures la tourmente acquit un tel degré d'intensité, qu'il nous fallut chercher un refuge vers la côte au travers des bancs de sable; on trouva un abri pour le canot, et chacun prenant ses effets, sauta à l'eau pour gagner le rivage à gué.

Je ne connais rien de plus mortifiant pour un marin que d'être dominé par le vent sur l'eau douce. Quand on parcourt l'océan immense, on se résigne assez volontiers devant le caprice des éléments; mais se voir cloué indéfiniment sur le rivage, tandis que sous ses yeux des oiseaux jouent dans la tourmente et y prennent leurs ébats, c'est un genre de vexation qui, je l'avoue, met en défaut toute ma philosophie. Aussi, pour échapper à l'accès de mauvaise humeur qui me gagnait, je chaussai une paire de bottes d'Esquimaux, faites de veau marin, et mon fusil au bras, je fis le tour d'un terrain marécageux, excessivement boisé, où les taillis, les saules et les arbres tombés formaient un fourré tellement inextricable, que j'eus toutes les peines du monde à m'en dépêtrer. Cet exercice calma complètement mes nerfs, et rétablit mes esprits dans une assiette assez paisible pour me permettre de vaquer à d'autres occupations. Je retournai à la tente, harassé, tout-à-fait rendu, et là, savourant le repos dans l'abandon et la quiétude d'un homme qui voyage pour son plaisir et supporte philosophiquement les petites contrariétés de la route, je m'amusai à observer le bizarre assemblage des objets qui m'entouraient. — A mes pieds un paquet roulé dans une toile cirée, contenant quelques couvertures auxquelles on osait donner le nom de lit; — à côté une pièce de bison séché : chair dure et coriace, fantastiquement ornée de longs poils noirs, qui s'insinuent inévitablement entre les dents, quelle que soit l'adresse du malheureux condamné à s'en nourrir; — plus loin, une serviette passablement propre, étendue en guise de nappe sur un ballot de toile rouge, portant une théière, quelques biscuits et une salière; — auprès, un plat d'étain et une sorte de garde-manger de même matière, renfermant pour toute richesse un jambon gras, produit de la colonie de la Rivière Rouge; — et enfin le pemmican si renommé : sans contredit, la meilleure nourriture que l'on puisse avoir pour des expéditions comme la nôtre; — derrière moi deux boîtes contenant des instruments astronomiques, et un sextant posé à terre; — dans les différents coins de la tente, des ustensiles de toilette, un fusil, un sac à poudre indien, des boîtes, des vases, et un infortuné pot vernissé de triste physionomie, tout cabossé et tout meurtri, pour avoir été trimballé sur les rochers et les portages, entre Montréal et le lac Winnipeg. L'équipage logé dans la tente ne le cédait pas en bizarrerie au mobilier : on y voyait mêlés, un Anglais, un homme de Stornaway, deux Canadiens, deux métis, trois Indiens Iroquois. Ils causaient tous ensemble, et la tour de Babel n'a peut-être point entendu de sons plus discordants que le bruit de leur conversation.

Vers le soir la brise tomba, et je croyais pouvoir me remettre en route dans la nuit. Mais les nuages devinrent plus épais, et il s'en échappait par intervalles des bouffées de vent accompagnées d'un murmure sourd; c'étaient des avant-coureurs certains de la tempête qui éclata dans toute sa violence le 30 au matin. La surface du lac ne fut plus qu'une vaste nappe d'écume formant un contraste imposant avec les teintes ardoisées de la partie du ciel d'où soufflait la bourrasque. Les moustiques avaient disparu; quelques goëlands, incapables de lutter contre la fureur des élemens, abandonnaient la poursuite de leur proie et se réfugiaient en désordre sous le vent d'un banc de sable; des corneilles fatiguées se laissaient balancer sur les branches agitées des pins, sans prendre le moindre souci à l'approche d'un pas étranger. Tout cet ensemble présentait une scène pittoresque de tristesse sauvage. J'assemblai les hommes dans la tente, et je leur lus le service divin. — Le soir on aperçut une mouche luisante.

Le 1er juillet, le changement de temps nous permit de continuer notre route; nous dépassâmes les roches calcaires qui bordent cette partie du lac, et nous atteignîmes le Grand Rapide, dont les particularités intéressantes ont été trop bien décrites et trop bien détaillées par sir John Franklin, pour qu'il me soit permis d'en parler encore après lui.

Quelques Indiens libres (freemen) et autres (1),

(1) On nomme *freemen* ceux qui après avoir été employés par la compagnie ont obtenu leur congé, et vivent comme ils peuvent de leur travail et de leurs ressources.

ont coutume de se rassembler aux deux extrémités du rapide, soit pour troquer leur sucre d'érable avec les voyageurs, soit pour soulager, moyennant salaire, les équipages accablés sous le poids de leurs lourds fardeaux. Il y avait parmi eux beaucoup de malades, et tous se plaignaient douloureusement de la rareté des animaux.

Après plusieurs rapides nous entrâmes dans le lac Cédar, plus connu sous le nom de lac Bourbon.

Arrivé dans la rivière Saskashawan, je fus surpris à la vue d'une grande ferme élevée sur la rive droite. Des constructions, des granges, huit ou dix belles vaches et trois ou quatre chevaux paissant entre des clôtures palissadées, rafraîchirent agréablement notre mémoire des souvenirs de la civilisation; je regrettai beaucoup de n'avoir pas eu l'occasion de voir le propriétaire, Indien libre du nom de Turner.

Le 5 juillet nous entrâmes dans la Petite Rivière et nous atteignîmes le lac de l'île aux Pins.

Avant d'arriver à Cumberland-House, les hommes de l'équipage s'étaient parés de leurs plus beaux habits de fête, de banderoles argentées, de rubans et de plumes au chapeau ; mais malheureusement pour ces pauvres diables, la pluie commença à tomber par torrents, et pour surcroît de chagrin, la vase encombrait si bien les approches de la côte, qu'il fallut ramer encore un bon mille sans trouver un endroit pour débarquer ; la même cause avait rendu impraticable une crique conduisant à la rivière Saskashawan.

L'établissement se trouve maintenant si éloigné du lac que la pêche ne produit presque rien. On ne prit pas un seul poisson pendant mon séjour, et ce ne fut pourtant pas la faute des pêcheurs, car ils n'y épargnaient pas leur peine.

Je fus reçu par M. Isbester, commis de la compagnie, et j'y trouvai mon compagnon, M. King, arrivé sans accident.

Les bateaux, les approvisionnements et le pemmican, tout était prêt ; j'eus donc la satisfaction d'expédier, le 6 juillet, M. King, avec les embarcations sous ses ordres. Chacune d'elles portait 61 ballots de 90 lbs (40,8 kil.), sans compter les hommes, leurs effets, leurs lits, les mâts, les voiles, les avirons et les autres agrès; mais avec des pilotes tels que Mac-kay et Sinclair, il n'y avait pas la moindre inquiétude à concevoir, et je ne doutai pas un instant qu'elles ne parvinssent aux quartiers d'hiver avant la formation des glaces.

Une journée entière fut employée à modifier les dispositions du canot, et je profitai de ce répit pour faire des observations de latitude, d'inclinaison et d'intensité magnétiques; ma latitude s'accorda, à trois secondes près, avec celle de sir J. Franklin. — J'écrivis à la compagnie pour la prier de nous envoyer de nouvelles provisions avec l'armement de la saison suivante. — L'espoir de quelques éclaircis dans le temps me retint un peu plus que je n'en avais le projet; mais le ciel demeurant couvert, je me décidai à partir, et je m'embarquai le 7 juillet, vers midi, dans mon canot armé de huit hommes. Nous avançâmes assez rapidement pour atteindre Mr King, le lendemain, dans la rivière de l'Esturgeon, nommée plus énergiquement par les naturels, la rivière *Maligne,* parce qu'elle n'est en effet qu'un rapide continuel; à cette époque elle était fort basse, et les bateaux triplaient leur route par suite des détours que nécessitait leur tirant d'eau.

Néanmoins un coup d'œil jeté sur leur manière de manœuvrer me confirma dans la conviction qu'ils arriveraient de bonne heure au grand lac de l'Esclave.

Il y avait une grande différence entre ces embarcations et la mienne dont l'habile pilote, de Charloît (c'était un métis), s'appliquait à faire ressortir la supériorité. Les bateaux, pesamment chargés, avançaient lentement sous les efforts réunis des hommes qui les tiraient à la cordelle sur le rivage, et de ceux qui étaient restés à bord. On les voyait parfois impuissants à résister à l'impétuosité du courant, être entraînés en dérive; et d'autres fois suspendus, ou descendant sur le revers d'une vague, être portés en avant, malgré les efforts redoublés de l'équipage. Notre canot, trop léger et trop faible pour affronter d'aussi rudes assauts, était lancé néanmoins, avec une grâce qu'on ne pouvait admirer sans terreur, au milieu des rapides écumeux et des rochers à fleur d'eau. Le sang-froid et la dextérité du patron ne se démentaient jamais ; il ne donnait pas un coup de perche inutile sur le fond de la rivière (1); et lorsque notre canot triomphant dépassa les autres embarcations, il dut paraître doué d'un pouvoir surnaturel à leurs équipages jaloux. — Nous fûmes bientôt hors de vue, et à force de manœuvrer à travers bas-fonds et rapides, nous nous dégageâmes enfin de cette rivière dangereuse et fatigante. Le canot fut alors examiné, et outre

(1) Pour diriger l'embarcation on appuie fortement une perche sur le fond de la rivière ; un faux coup de perche a souvent occasionné la perte d'un canot.

plusieurs fractures de peu d'importance, nous découvrîmes une fissure, courant d'une extrémité à l'autre, causée par le choc de rochers aigus et tranchants.

Nous eûmes plusieurs jours de pluies abondantes mêlées d'éclairs et de tonnerre. On apercevait dans toutes les directions des bois en feu. Il paraît, d'après le récit des Indiens Cree, que ces incendies sont allumés par les naturels eux-mêmes pour forcer le gibier effrayé à se précipiter dans la rivière, où on le capture plus aisément.

17 juillet. — Nous arrivâmes à l'île à la Crosse; d'après mes arrangements, les bateaux y reçurent vingt sacs de pemmican, des chiens et quelques agrès nécessaires pour accélérer leur marche. On y mit aussi à ma disposition deux nouveaux canots; ils avaient été construits pour que le transport du bagage au nord du portage la Loche n'éprouvât aucun obstacle; car il arrive parfois, dans cette localité, que les bateaux sont tous employés pour porter les

articles de commerce de la compagnie à leur destination respective. Dans son entrevue avec moi, Mr Charles m'avait déjà aplani toute difficulté sous ce rapport; je ne pouvais trop rendre grâces à une prévoyance aussi empressée. — Après mes observations ordinaires sur l'inclinaison et l'intensité magnétiques, je quittai le fort et je poursuivis ma navigation.

En laissant à notre gauche le lac Clear, nous entrâmes dans le lac Buffalo, qui, chez un peuple moins grossier et moins sauvage, eût certainement donné naissance à mille légendes sur un Génie malfaisant, souverain de ces eaux, et sur des voyageurs échappés miraculeusement à sa méchanceté.

Peu de personnes en ont achevé la longue et fallacieuse navigation sans y essuyer le coup de vent obligé. Moi-même j'y avais été déjà pris; cette fois, cependant, à la vue de la douce tranquillité qui régnait sur son immense surface, je vins à m'imaginer que nous serions exemptés du tribut habituel. Les matelots chantaient et ramaient avec énergie ; un butor légèrement blessé gisait au fond de l'embarcation, et, par intervalles, ses cris plaintifs semblaient répondre aux chants des canotiers. Nous étions arrivés au milieu de la traversée, lorsque tout-à-coup nous sentîmes une légère brise qui nous venait de la direction bien connue de la montagne Buffalo. Notre guide, méfiant, ne voulut pas même accorder aux hommes un répit de quelques minutes pour reprendre haleine ; au contraire il les pressa vigoureusement, et leur communiqua bientôt son ardeur. Fixant avec une attention superstitieuse le sommet bleu de la montagne, les matelots, penchés sur leurs avirons, faisaient voler notre légère barque. Mais un nuage noir ne tarda pas à paraître derrière la montagne ; il monta en s'étendant vers le zénith ; quelques bouffées de vent suivirent, et en moins d'une demi-heure nous nous trouvâmes assaillis par un ouragan d'orage au milieu de vagues tellement furieuses, que nous ne pûmes leur échapper qu'en mettant dehors un peu de toile, et nous glissant à travers les brisants, jusqu'à la première terre sous le vent.

Ce lieu, qui nous offrait un refuge, était un marécage dissimulé par de longues herbes. Comme nous venions de découvrir une place convenable pour y planter notre tente, un des hommes troubla par mégarde une mouffette. L'animal, vexé, se vengea aussitôt avec usure, selon sa méthode habituelle; nous n'eûmes que le temps de nous mettre au vent pour éviter d'être empestés; mais le pauvre garçon, auteur involontaire de cet accident, fut la première victime de l'odeur fétide dont il avait provoqué l'expansion; il jeta sa capote dans le lac en se répandant en injures contre cette bête infecte et mal apprise.

Le 21 juillet nous atteignîmes le portage la Loche; c'est le point de partage des eaux qui se jettent dans la baie d'Hudson et de celles qui se dirigent vers la mer Arctique. Pendant six ou sept milles, les *Voyageurs* sont exposés à des souffrances aiguës : l'eau manque pour apaiser leur soif excitée encore dans notre position par une chaleur de 68° Fahrenheit (20° centigr.), et par des fardeaux de 200 lbs. (91 kil.). Ajoutez à ces tourments des myriades de moustiques et de grosses mouches insatiables, connues sous le nom expressif de *boule-dogues* : ces désolants insectes, ravis de pouvoir s'abattre sur des créatures humaines, se livrent avec tant d'ardeur à ce festin inaccoutumé, que leurs victimes en ont le visage ensanglanté. Aussi les *Voyageurs* aspirent-ils après l'heureux moment où apparaît la surface brillante du *Petit-Lac*, dont les eaux doivent les désaltérer et rafraîchir leurs membres accablés de fatigue.

Pour comble d'infortune, deux de nos hommes avaient malheureusement fait un faux pas, et gémissaient sous le poids de leurs fardeaux : vue trop douloureuse pour ne pas exciter la compassion. Mais dans un moment aussi critique, où chacun est occupé de son devoir, on est souvent forcé de maîtriser ses émotions; et, quelques sentiments qu'on éprouve, il faut bien se garder, dans l'intérêt du service, de les laisser paraître.

Après nous être frayé, non sans de fréquentes haltes, un passage au milieu de bois épais, nous arrivâmes sur le point où le paysage pittoresque et imposant du portage la Loche éclate soudainement à la vue. A mille pieds au-dessous de nous s'étendait, jusqu'à la distance de 36 milles, une campagne boisée dans toute la sauvage magnificence de sa parure d'été. Le plus harassé d'entre nous, au sortir de l'obscurité du bois, se trouvant en face de cette scène enchanteresse, oubliait sa lassitude, et s'arrêtait involontairement avec son fardeau, pour contempler dans une admiration mêlée de surprise un spectacle si nouveau et si imposant. Quant à moi, mes propres sensations n'avaient plus la même vivacité que celles d'un homme étranger à un semblable aspect; j'éprouvais cette sorte de mélancolie que laisse le souvenir de la jouissance. Ayant déjà soulevé le voile de ces beautés, j'étais loin du ravissement où j'avais été plongé la première fois qu'elles m'étaient apparues. C'était pour moi le portage la Loche, et rien de plus ; c'était cette belle et romantique solitude, où j'avais passé tant de fois dans le cours de mes deux expéditions précédentes ; je n'y apercevais rien de nouveau, rien qui excitât ma surprise ou vivifiât mes souvenirs. Je contemplais ce paysage comme une peinture exquise, mais dont la vue nous est familière, — avec plaisir, mais sans émotion.

L'immensité d'une semblable solitude imprime un sentiment d'effroi qui n'est point sans quelques charmes, et dont j'aimais à jouir. Je m'éloignai de mes compagnons, et, selon toute apparence, j'étais le seul être vivant dans le désert qui s'étendait autour de moi. Néanmoins, je rechargeai mon fusil presque instinctivement, et, me glissant avec précaution le long d'un étroit sentier, je descendis dans la vallée, silencieux, et craignant en quelque sorte d'en éveiller le génie. — Le calme de la solitude était rompu de temps en temps par le bruit sourd des pas de nos hommes traversant rapidement le fourré qui les cachait à ma vue; et, lorsque notre tente blanche fut dressée, lorsque la fumée s'éleva en spirale au milieu du vert feuillage de la forêt, on eût dit que le charme du désert venait d'être rompu : tout ce paysage sembla renaître soudain à la vie et à la gaieté.

23 juillet.—Les derniers fardeaux furent déposés en sûreté au bord de l'eau, et aussitôt nos hommes, épuisés de fatigue, se jetèrent sur le rivage, où ils demeurèrent sans mouvement pendant plus d'une heure. Le canot fut ensuite gommé, et nous nous embarquâmes auprès de quelques bateaux appartenant à la compagnie, dont j'aurais pu prendre possession d'après la permission de Mr Charles ; mais je n'en avais pas besoin.

En arrivant au portage du Pin, je fus agréablement surpris de rencontrer M. J. Stuart et Mr A. R. Mac-Leod, qui, de la rivière Mac-Kenzie, étaient venus jusque là avec un chargement de fourrures. J'attendais depuis long-temps dans la plus grande anxiété le moment où je rencontrerais M⁽ʳ⁾ Mac-Leod, non seulement parce qu'il était la première personne désignée dans la circulaire du gouverneur Simpson pour faire partie de l'expédition, mais parce que c'était pour moi une ancienne connaissance, et que je le savais parfaitement propre à remplir les devoirs de notre mission. Il est de fait que son refus m'eût placé dans une position fausse, car j'avais compté sur lui pour beaucoup de soins, qui ne pouvaient retomber sur moi sans un grand inconvénient. Il était donc très important de m'assurer son concours; M⁽ʳ⁾ Stuart, dont je connaissais l'amitié et le bon vouloir en faveur de l'entreprise, se chargea des premières ouvertures. Mais sa médiation n'était pas nécessaire; car, bien que M. Mac-Leod eût été long-temps indisposé, et se rendît actuellement au Canada pour y rétablir sa santé, il n'eut pas plus tôt vu la circulaire de M. Simpson, et appris le but de notre mission philanthropique, qu'il me délivra de toutes mes appréhensions en m'exprimant avec grâce sa sympathie pour nos compatriotes absents depuis si long-temps, sa joie de me revoir et la résolution où il était de sacrifier ses vues personnelles au plaisir de m'accompagner. J'écrivis donc aussitôt à la compagnie pour lui faire ma dernière réquisition, lui demandant les vivres et les approvisionnements nécessaires aux besoins de l'année 1834. M. Stuart n'éprouva pas, je crois, moins de plaisir que moi de la détermination prise par son ami, et me donna des indications utiles dont je m'estimai heureux de pouvoir profiter.

25 juillet. Le chargement du bagage additionnel se fit avec beaucoup de difficultés; notre guide déclara que le canot ne pouvait nous contenir tous. Nous avions, en effet, à faire place à six personnes : M. Mac-Leod, sa femme, trois enfans et un domestique. Ainsi, quatorze individus devaient se blottir dans un espace destiné à huit ou neuf. Notre guide en montra un peu d'humeur, prévoyant, disait-il, que son *cher canot* pourrait bien se briser. Ses ap-

préhensions étaient fondées; car nous ne tardâmes pas à toucher sur une basse.

Nous arrivâmes le 29 juillet au fort Chipewyns. Notre guide avait pris grand soin de sa parure, et l'avait relevée de plumes de couleur; il s'était aussi donné beaucoup de mal pour faire ressortir sous leur bel éclat les reflets écarlates d'un grand pavillon de soie. Tout cela fut en pure perte; nous n'étions pas attendus sitôt au fort Chipewyan; on ne nous aperçut qu'à peu de distance, et il fallut réveiller les habitans.—Nous fûmes reçus par Mr Ross, à qui Mr Charles avait confié la direction de l'établissement.

Les Indiens qui fréquentent habituellement ce poste étaient dispersés dans les terres, au moment de notre arrivée; nous fûmes donc obligés de nous contenter du récit incomplet d'un vieil infirme qui, dans sa jeunesse, avait passé par le Fond du Lac et connaissait les rivières que je cherchais; mais ses indications étaient trop vagues et trop incertaines pour me laisser aucune espérance de succès dans cette direction. Mr Mac-Leod, à la vérité, qui avait également fait un voyage au Fond du Lac, confirma ce que j'avais précédemment entendu conter sur l'existence, dans ces parages, d'une rivière qui prend sa source très haut dans le nord; mais cependant, lorsque le vieil Indien eut terminé sa description du pays en nous disant, par forme de restriction : « *Je suis vieux, de peu d'importance dans ma tribu, et je n'aime point à trop parler,* » je trouvai que cette modestie, bien que louable en elle-même, contrastait avec la parole hardie dont se sert toujours l'Indien quand il sait avoir raison. Dans ce cas, il affirme, sans hésiter, et termine ses réponses par des expressions telles que celles-ci : «*Cela doit être, cela est, car je l'ai vu de mes yeux.*» Cette considération étant d'un grand poids dans mon esprit, j'abandonnai, après avoir entendu le vieillard, le projet de m'en aller par le Fond du Lac à la recherche d'une route.

Outre les provisions qu'on devait nous fournir

au fort, nous avions un besoin extrême d'autres objets dont nous ne pouvions nous pourvoir ailleurs; mais avec l'aide de Mr MacLeod, tout fut prêt en deux jours, ainsi que les matériaux nécessaires pour construire un établissement. Dans l'intervalle, je fis mes observations magnétiques ordinaires. — Les sacs de graisse, les ferremens, les fusils et les ballots de cuir dont nous augmentâmes notre bagage, furent arrimés dans un second canot que je crus devoir prendre pour le cas où nous aurions à naviguer sur des rivières peu profondes.

Nous quittâmes le fort assez tard dans la soirée du 1er août. De plus amples instructions furent laissées à Mr King pour sa gouverne lorsqu'il arriverait avec les bateaux.

Les eaux du lac étaient plus basses qu'elles n'ont coutume de l'être dans cette saison; en sorte que nous eûmes assez de peine à franchir les bas-fonds qui le séparent de la rivière Pierreuse au bord de laquelle nous fîmes notre premier campement. La nuit suivante fut entièrement calme. On entendait le bruit des chutes situées à une distance de vingt milles.

De grands radeaux naturels, formés par d'innombrables pièces de bois, qui s'étaient d'elles-mêmes rapprochées et liées les unes aux autres, descendaient la rivière de l'Esclave. En approchant des rapides et des chutes, la marque de l'eau sur les rives indiquait un abaissement de six pieds au-dessous du point le plus bas que j'eusse jamais observé dans mes voyages précédents. Les courants avaient déposé de nombreux bancs de sable et de vase qui s'élevaient au-dessus des eaux et verdoyaient déjà sous une végétation naissante. Enfin les rochers granitiques des chutes de la Montagne et du Pélican, que sir John Franklin avait trouvés tout-à-fait nus lors de son passage, étaient recouverts maintenant d'un dépôt de vase d'environ quatorze pouces d'épaisseur, tant est grande la quantité qu'en apportent annuellement dans le grand lac de l'Esclave, les inondations printanières.

4 août.—Dans la matinée, le thermomètre ne

marqua que 36° (2°, 2. C.); il ventait une grande brise de N.-O., froide et opposée au courant, qui empêchait presque les canots d'avancer; il nous fallut cinq heures pour faire les douze milles qui nous séparaient de la rivière Salée. Les Indiens y avaient campé récemment. Leurs traces nous firent supposer qu'ils avaient remonté la rivière jusqu'aux plaines où se trouvent en abondance des buffles et du gibier.

Une entrevue avec les Indiens était de toute nécessité; je fis donc décharger mon canot, et je partis à leur recherche, en compagnie de M. Mac-Leod. Nous avions à peine doublé la seconde pointe, lorsque nous distinguâmes une *cache* (1), au sommet d'une habitation déserte; certains alors de rencontrer bientôt ceux que nous cherchions, nous redoublâmes de vitesse, et à un quart de mille plus loin, nous vîmes sortir d'entre les arbres les corps foncés de deux jeunes Indiens qui nous crièrent de nous ar-

(1) On désigne par ce mot français le lieu où l'on cache un amas quelconque qu'on ne peut emporter, ou qu'on voudra retrouver plus tard.

rêter. Ils attendaient la tribu du lac de l'Esclave, dont ils faisaient partie, et qui ne devait pas tarder d'arriver. Ces jeunes gens ne purent rien nous dire, sinon ce que nous savions déjà, « qu'il y avait peu d'eau dans la rivière, et que « nous aurions bien de la peine à la remonter. » Peu après, nous rencontrâmes une flottille entière de canots; les sons les plus aigus et les plus discordants, une horrible confusion de cris poussés par des individus de tout âge, nous en avaient déjà fait reconnaître l'approche.

Leur chef était un vieillard à la figure intelligente, que les traficants avaient baptisé du nom français *le Camarade de Mandeville*. Il connaissait parfaitement la contrée au nord et à l'est du grand lac de l'Esclave; nous avions donc tout lieu d'attendre de lui des indications importantes, pour peu qu'il consentît à se départir de sa réserve habituelle. Afin de le mettre dans la voie des épanchements, M. Mac-Leod retourna avec les Indiens au lieu de notre campement, et y accomplit toutes les cérémonies requises pour l'offrande de la pipe: on sait qu'une bouffée de tabac humée en commun est chez les Indiens ce qu'est chez nous une bouteille de vin vidée en société : *aperit præcordia*, elle ouvre les cœurs, et dispose aux confidences.

Tout l'ensemble de ce *peuple* (car ils ont la vanité de s'intituler ainsi) était sauvage et grotesque à l'excès. Un de leurs canots en particulier fixa mon attention; il eût été trop petit pour recevoir trois d'entre nous, et huit hommes, femmes et enfants avaient réussi à y blottir leurs jambes; c'était un tour de force incompréhensible pour ceux qui ne connaissaient pas la souplesse des Indiens, dont les membres ne sont jamais enveloppés de langes. Cependant, par une température de 66°, (18°, 9.C.), ils étaient encaqués comme des harengs de Yarmouth. Leurs cheveux, longs et nattés, retombaient en tresses fantastiques sur leurs corps deminus et sales au-delà de tout ce qu'on peut imaginer. Pour compléter le tableau, leurs chiens, placés à peu de degrés au-dessous d'eux dans l'échelle animale, formaient une sorte de garde-du-corps des deux côtés de la rivière; et tandis que le canot filait avec le courant, ces animaux aboyaient, les Indiens poussaient de grandes vociférations, et les cris de toutes ces créatures se confondaient en un horrible hurlement.

Au coucher du soleil, je remontai la rivière Salée; mais ayant quitté ce pays depuis treize ans, et mon équipage ne le connaissant pas mieux que moi, je m'égarai dans un mauvais chenal où nous fûmes obligés de passer la nuit. Le lendemain matin, je repris la bonne route. Arrivés aux sources d'eaux salées, nous y trouvâmes tant de sel que, dans l'espace d'une demi-heure, cinq grands sacs en furent remplis. Il était blanc et fort pur; nous n'en avions pas vu d'aussi grands amas en 1820. J'aperçus aussi au pied de la colline qui règne à l'une des extrémités de la prairie trois sources d'un diamètre de quatre à douze pieds; elles avaient produit des monticules de sel de quatorze à trente pouces de haut. Les ruisseaux étaient à sec; mais toute la surface argileuse du sol était tapissée d'une croûte blanche de particules salines jusqu'à une distance de plusieurs centaines de yards (1) vers la plaine. On distinguait de tous côtés une multitude de sentiers frayés par les bisons et par d'autres animaux herbivores.

A notre retour au camp, situé vers l'embouchure de la rivière Salée, nous distinguâmes de loin les Indiens groupés autour de M. Mac-Leod, prêtant à ses discours une attention scrupuleuse, et fort affairés de répondre à ses questions. Les renseignements que mon compagnon avait recueillis étaient résumés sur une esquisse de la contrée du nord-est tracée par *le Camarade*.

On y voyait le Thlew-ee-Choh et le Téh-Lon couler à l'E.-N.-E. dans des directions à peu près parallèles jusqu'à leur embouchure.—Mais

---

(1) Le yard vaut 3 pieds anglais, ou 2 pieds 10 pouces.

dans quelle mer ces deux fleuves se jetaient-ils? Était-ce dans quelques unes de ces profondes ouvertures qui découpent la baie d'Hudson? ou bien, comme je le désirais ardemment, était-ce dans la mer Polaire elle-même vers la pointe Turnagain?

Les Indiens connaissaient les moindres détours de plusieurs des lacs qu'ils avaient fréquentés; mais quant aux gisements de ces lacs les uns par rapport aux autres, ils ne savaient rien de précis. Ils s'accordaient cependant en un point d'une manière surprenante, c'était quant à la supériorité du Têh-Lon sur le Thlew-ee-Choh. Ils parlaient unanimement du premier comme d'un fleuve large et majestueux, roulant avec calme jusqu'à la mer ses ondes toujours unies au milieu des bouleaux et des pins qui embellissent ses bords; tandis que l'autre, au contraire, né dans les rapides, étroit, rempli d'écueils, de cascades et de chutes, précipitant ses eaux entre des rives stériles qui n'offriraient même pas assez de bois pour entretenir le feu, terminait son cours, plus sinueux mille fois que celui d'aucune autre rivière connue des naturels, en franchissant impétueusement une barrière d'écueils, et se jetant dans la mer par une cataracte écumeuse.

Les Indiens affirmaient aussi, et en cela leurs renseignements étaient d'accord avec ceux dont on m'avait déjà fait part au lac Winnipeg, que les deux embouchures se rapprochaient assez l'une de l'autre. Enfin ils concluaient en disant : « que si le grand chef se » décidait à suivre le Thlew-ee-Choh, les Indiens » ne l'escorteraient pas ; car, tout habitués qu'ils » étaient aux privations, ils ne s'exposeraient » pas néanmoins dans cette contrée stérile aux » effroyables souffrances dont aucun pouvoir » humain ne saurait les garantir. »

Ces bonnes gens, il est vrai, commençaient à se fatiguer d'entendre toujours les mêmes questions, et de répéter les mêmes détails ; ce n'était point étonnant, car, pendant la nuit entière, assis autour de M. Mac-Leod, ils n'avaient cessé de raconter avec feu leurs prolixes histoires. De mon côté, je ne me faisais faute de tourmenter *le Camarade*; je le plaçais dans une multitude de positions diverses, pour qu'il précisât mieux les gisements des lieux dont il me donnait la description; enfin, le pauvre diable, ahuri et ne sachant plus où donner de la tête, s'écria d'un ton moitié bourru, moitié piteux, qui nous prêta à rire : « Vous ne placez pas le monde comme il est; » moi, du moins, je me règle toujours d'après le » lever et le coucher du soleil. »

En descendant la rivière de l'Esclave, nous nous arrêtâmes quelque peu à une *cache* de M. Stuart. Il nous avait permis d'y prendre de l'écorce de bouleau pour construire un canot. Le 8 août, nous atteignîmes le grand lac de l'Esclave, et nous fûmes reçus au fort Résolution par M. Mac-Donnel, employé de service.

CHAPITRE III.

Recherches et embarras relativement à la route. — Préparatifs du départ. — Embarquement à la recherche du *Thlew-ee-Choh*. — Campement indien. — Politesse indienne. — Point d'honneur des chasseurs indiens. — Description du pays que la route traverse. — Vue d'une petite montagne de glace. — Chasse d'un ours. — Description de la côte. — Pointe Keith et baie Christie. — Extrémité orientale du grand lac de l'Esclave. — Découverte d'une rivière qu'on suppose conduire vers le Thlew-ee-Choh. — Préparatifs pour la remonter.

Peu de temps après mon arrivée au fort Résolution, j'appris que le chef appelé le *Grand-Jeune-Homme*, dont M. Charles m'avait parlé, était près de la crique de Buffalo, à une journée ou deux de l'établissement; il y construisait des canots, pleinement convaincu qu'il était choisi pour accompagner l'expédition, et caressant avec complaisance dans son imagination l'espoir d'une récompense incalculable. Je voulus le désabuser sur-le-champ de cette erreur; pour cela, j'envoyai deux jeunes gens dans un canot pour lui annoncer notre arrivée, et pour le prier de venir. Il y avait en même temps au fort plusieurs Indiens, et avec eux un métis nommé La Prise, que j'avais vu dans une occasion précédente. Il était devenu à peu près le chef d'une petite troupe accoutumée à chasser dans la partie de l'est. Je jugeai cette occasion favorable pour obtenir quelques renseignements sur les sinuosités que présente le grand lac de l'Esclave à son extrémité orientale, et sur la nature du pays. La Prise, qui avait été soumis à un semblable interrogatoire par mon ami sir John Franklin en 1820, me comprit de suite, et s'empara de la boussole comme d'un instrument qui lui était familier. S'étant placé exactement au-dessus, il m'indiqua de la main la direction des divers lieux que je lui demandais; plus tard, en vérifiant les notes que j'avais prises sur ses relèvements magnétiques, je fus étonné de leur exactitude. Suivant lui, le lac s'étendait à peu près du sud au nord; et il en estimait la distance à environ cinq jours de navigation pour un canot léger et bien armé. Cependant, un jeune chasseur qui venait d'arriver de ce côté avec un message d'un de ses compagnons, s'offrit de me conduire par un nouveau passage au Têh-lon; il ne s'accordait pas avec La Prise, et prenant un morceau de charbon, il me traça une esquisse dont la gravure ci-dessous est la reproduction fidèle.

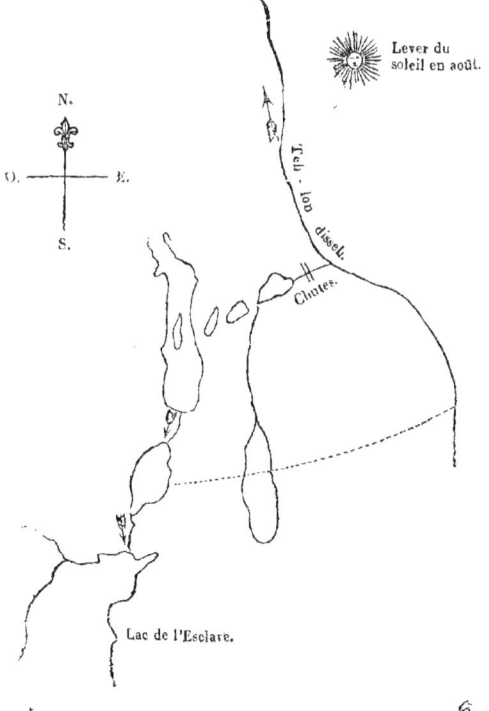

Nous vîmes avec plaisir que, d'après cette description, on pouvait faire tout le trajet par eau, à l'exception de trois portages. — Avec cette connaissance locale, je dirai presque de chaque pouce de terrain, il était bien singulier que ce chasseur, comme tout le reste de sa tribu, ignorât complètement la situation du Thlew-ee-Choh; toutefois il n'ignorait pas de même ses mauvaises qualités : et, ainsi que *le Camarade*, il en exagérait les dangers, et il condamnait comme extravagante toute tentative de navigation sur ces eaux que canot n'avait jamais descendues. « Pourquoi, disaient-
» ils, le chef veut-il y aller, lorsque le Têh-Lon
» est non seulement plus près, mais encore lui
» offre bien plus d'avantages. Au Têh-Lon, il
» trouvera des bœufs musqués, des orignals, des
» rennes, du bois, du poisson et du gibier qui
» lui feront passer un hiver confortable. Il est
» vrai, continuaient-ils, que nos pères ont
» descendu le Thlew-ee-Choh, lorsqu'ils fi-
» rent la guerre aux Esquimaux, il y a bien

» long-temps de cela! mais aussi combien en
» est-il revenu? Et quel est celui qui pourrait
» dire maintenant ce qu'ils firent et ce qui leur
» arriva? Personne; ils sont sur la terre des es-
» prits, et nos vieillards seuls se souviennent
» de leurs noms. »

Ce ne fut pas le seul découragement que j'é-
prouvai relativement au voyage projeté au
Thlew-ee-Choh; il survint en même temps une
révélation aussi fâcheuse qu'inattendue. A la
demande de sir John Franklin, un Canadien,
nommé Sanpère, avait autrefois été envoyé par
l'officier qui commandait alors au fort de la
Résolution, pour s'assurer de l'existence du
Thlew-ee-Choh. Cet homme en effet partit avec
plusieurs naturels du pays, et, à son retour,
rendit un compte détaillé de son voyage. Mais
ses guides, à quelques uns desquels je parlais,
m'affirmaient actuellement qu'arrivé à l'extrémité du lac voisin de celui de l'Esclave, il prit
l'alarme, que, malgré tous leurs efforts et toutes
leurs observations, il refusa de faire un pas de

plus, et qu'il revint sans avoir vu la rivière et même sans en avoir approché. Ils retraçaient minutieusement une foule de particularités, et terminaient en me faisant observer que je connaissais la bonne foi des Indiens, et que, lorsque j'aurais passé sur les lieux, je reconnaîtrais la vérité de leurs paroles.

On avait généralement ajouté foi aux détails donnés par Sanpère, et j'avoue que je fus du nombre de ceux qui avaient cru à sa véracité. Or, ses récits se trouvant maintenant, sinon absolument réfutés, du moins rendus douteux, je restais dans l'incertitude la plus désagréable. En outre, quoique le dessin du jeune chasseur me représentât le Têh-Lon comme coulant vers le nord-ouest, et que la position du soleil tendît à confirmer cette opinion, je ne pouvais m'habituer à l'idée de grands bois, fréquentés par des orignals sur les bords d'une rivière traversant les terres stériles, à moins de supposer que cette rivière ne s'éloignât beaucoup vers le sud-est, dans la direction de la baie d'Hudson. En dernier résultat, après bien des embarras et des perplexités, je me décidai à suivre le plan primitif tel qu'il était tracé dans les instructions lues à la société royale de géographie. Je me confirmai dans cette résolution, en réfléchissant que les renseignemens du vieux guerrier Indien, nommé Black-Meat (viande noire), que j'avais connu en 1820, devaient être aussi exacts, en cette occasion, qu'ils avaient reconnu l'être, dans d'autres circonstances des deux expéditions précédentes.

Ma résolution arrêtée, je divisai mon équipage en deux escouades : cinq hommes pour servir d'escorte à M. Mac-Leod, et quatre pour me suivre dans ma recherche du Thlew-ee-Choh.

Il se trouva heureusement au fort un canot de moyenne grandeur, plus léger à porter, et plus commode qu'un grand, pour naviguer sur les eaux peu profondes que nous nous attendions à rencontrer dans l'est. On le mit aussitôt en réparation; tandis que M. Mac-Leod, qui n'avait pas moins de zèle que moi-même, me prêta son assistance pour disposer nos opérations futures.

Il se chargea d'attendre et d'apaiser *le Grand Jeune Homme*, très mécontent sans doute d'avoir vu ses services refusés. Sachant, d'après l'expérience du passé, les embarras et les anxiétés qu'un guide rejeté, et repris ensuite, nous donnerait probablement, je jugeai qu'il était a la fois plus prudent et plus économique de le congédier tout-à-fait en lui donnant une gratification pour le temps perdu ; je ne voulais confier, ni mes espérances, ni la sûreté de tous mes gens à la conduite de l'homme le plus léger et le plus inconstant de sa tribu. Cette conduite, d'ailleurs, était nécessaire comme exemple, pour rabattre l'opinion extravagante que les Indiens s'étaient formée de notre libéralité. Ils étaient trop arriérés pour comprendre le but désintéressé qui avait fait entreprendre notre expédition ; ils la considéraient sous le même aspect que les précédentes, et ils attendaient de nous la même générosité. Ils gardèrent un morne silence quand je leur dis que j'avais seulement apporté les marchandises nécessaires pour satisfaire aux demandes de mes chasseurs, et qu'avec eux, comme avec les autres, je compterais exactement.

L'interprète que j'avais amené était un pur Indien, un chipewyan qui, sous les auspices de la compagnie, avait reçu un commencement d'éducation à la colonie de la rivière Rouge. Peu habitué à parler sa langue naturelle, il n'était pas précisément ce qu'il fallait pour nous introduire parmi les Indiens dont plusieurs n'avaient visité que rarement les établissements commerciaux. Comme cependant rien n'était plus important que les renseignements à recueillir, et aussi que l'impression produite sur les Indiens par la manière de les interroger, je priai Mr Mac-Donnell de me prêter Louison, son interprète, qui avait autrefois voyagé avec moi, et qui, par sa connaissance parfaite des tribus d'alentour, était spécialement propre à notre projet. Cette demande n'était pas sans de grands inconvénients pour Mr Mac-Donnell ; néanmoins, comme toutes les autres personnes que nous avions rencontrées jusque là, il me l'accorda de très bonne grâce. Cet échange temporaire s'effectua donc, et j'appris depuis qu'il n'était pas moins agréable à Louison qu'il ne l'était à moi-même. — Nous fûmes approvisionnés d'un supplément de vêtements et de chaussures pour le cas où nous serions surpris par la gelée. J'employai le reste du temps à faire des observations sur l'inclinaison et l'intensité. La déclinaison avait augmenté de trois degrés à l'Est depuis 1825.

Pendant que nous étions à faire notre repas habituel de viande sèche et de pemmican, un de nos chasseurs se précipita dans la chambre, et nous annonça l'agréable nouvelle qu'il avait tué un orignal, dont il apportait un morceau. Au même instant, le domestique entra avec une vessie de graisse à la main. C'était pour nous un luxe si rare que Mr Mac-Donnell, surpris, s'écria : « Bon Dieu! de quel pays cela vient-il? » Ceci ne paraîtra pas étrange quand on saura que, depuis le mois d'avril, il n'avait pas goûté un seul morceau de viande fraîche; moi-même je n'en avais pas vu depuis le fort William.

Après avoir écrit quelques lettres d'affaires et laissé mes dernières instructions à Mr King, je m'embarquai le lendemain matin, 11 août, à six heures, dans mon vieux canot, armé d'un Anglais (William Malley, — mon domestique), d'un Canadien, de deux métis et de deux Indiens. Le temps menaçait de rafales, et une grosse houle dont parfois le sommet déferlait nous empêcha de nous risquer au milieu du lac et nous fit chercher la protection des îles qui pouvaient nous abriter du vent. Le canot embarquait beaucoup d'eau; mais les hommes tinrent bon à la peine, et, après avoir traversé une baie ouverte, nous gagnâmes bientôt l'entrée bourbeuse du Petit Chenal qui nous conduisit à la rivière de l'Esclave; en la traversant, nous découvrîmes sur la rive orientale une nombreuse troupe d'Indiens, les mêmes que nous avions vus à la rivière salée. Ils étaient réunis par petits groupes, croyant que, selon l'usage général des trafiquants, nous allions prendre terre. Quand ils virent que ce n'était pas notre intention, ils nous crièrent : — « Eh quoi! le grand chef passe » sans s'arrêter, sans nous offrir même une » pipe de tabac? » Cependant nous passâmes outre; nous entrâmes dans un chenal très étroit où je commençai ma reconnaissance, et bientôt après dans un autre, nommé Cha-Bilka, qu'on dit venir de lacs peu éloignés. Près de là nous vîmes un campement indien; ceux qui le remplissaient étaient très affairés auprès de trois orignals récemment tués dont ils faisaient sécher la chair. Les heureux chasseurs, sans doute bien fiers de leurs prouesses, étaient, les uns couchés tout du long sur l'herbe, tirant des bouffées de leurs chères pipes; les autres, appuyés sur leurs coudes, à dévorer de l'œil un os richement fourni de moelle, revenant-bon ordinaire de leur chasse. Les femmes allumaient ou entretenaient les feux sur lesquels étaient suspendues par rangées de minces tranches de viande. Quelques unes criaient contre les chiens qui voulaient dérober le gibier; d'autres, par des cris plus forts, s'efforçaient de dominer les cris perçants de leurs enfants qui, emmaillottés et incapables de remuer, étaient à moitié suffoqués par la fumée. Tandis que je contemplais cette scène, huit ou dix jeunes garçons s'amusaient à entrelacer leurs corps de couleur de cuivre au-dessus et au-dessous de quelques canots de blanche écorce, comme autant de dauphins de terre. Pauvres gens! leur bonheur était à son comble: ils jouissaient selon leur nature et leur capacité. Que peut-on désirer de plus? Est-il un bonheur humain plus grand que celui-là?

Un bouquet d'arbres m'avait empêché d'observer un autre groupe composé de La Prise et de ses camarades. La Prise avait entrepris de mener à la rame mon second canot à l'autre extrémité du lac; mais voyant que deux hommes étaient nécessaires pour le franchir de l'eau qu'il faisait, il le mit sagement sur le rivage pour le réparer. Après cette opération, douze des siens s'y entassèrent avec plusieurs chiens, et manœuvrèrent si bien que nous eûmes beaucoup de peine à les suivre. — En nous séparant des Indiens nous fîmes provision de viandes fraîches. L'un d'eux, pour nous témoigner son respect, se revêtit d'un surtout qu'il avait acheté au fort. Cette redingote n'ayant pas de boutons, et notre homme n'ayant pas de culotte, l'effet était extrêmement comique. Remarquons, en passant, que l'idée de manifester son respect en se présentant en grande tenue (si ce terme peut s'appliquer ici) n'existe pas seulement dans les salons et dans les cours.

Environnés de saules des deux côtés, nous n'apercevions le lac que de temps à autre, à travers de petites criques et des ouvertures.

Bientôt nous traversâmes la grande Rivière-à-Jean pour entrer dans la petite Rivière-à-Jean, où nous eûmes le courant pour nous. Cette dernière est extrêmement tortueuse, les bords en sont très peu élevés et couverts de pins, de peupliers et de saules.

La vue perçante des Indiens avait découvert un orignal à quelque distance de nous. La Prise, fort expert dans l'art d'approcher ces animaux, dont l'ouïe est si fine et les jambes si lestes, se dirigea vers celui-ci. Pendant ce temps nous descendions silencieusement le courant le long de la rive opposée, cherchant un endroit sec pour nous y établir. La nuit était belle et claire; les hommes étaient autour d'une chaudronnée de viande, lorsqu'un cri perçant et prolongé les fit tressaillir; Louison y répondit aussitôt; il nous annonça en même temps que c'était le petit canot et que La Prise avait tué le gibier. On entendit alors le bruit des avirons dans le lointain; peu de minutes après nous distinguâmes l'embarcation glissant près des hautes herbes, le long de la rive où nous étions campés.

L'ombre profonde portée par la côte ne laissait voir que les têtes noires des Indiens, qui paraissaient et disparaissaient suivant les mouvements du canot. Louison ayant demandé à La Prise s'il avait réussi, celui-ci, selon le caractère d'un véritable Chipewyan, lui répondit négativement *Oolah*. — Oolah, répéta l'interprète d'un ton désappointé, oolah ! « *Mon-* » *sieur a manqué*, ajouta-t-il en français. Qui » jamais entendit le cri de signal sans qu'il fût » accompagné d'une proie. » Ces mots étaient à peine prononcés que La Prise était près de Louison, et lui remettait son fusil d'une main en lui présentant de l'autre la langue et le nez d'un superbe orignal.—« Voilà, dit-il; je l'ai tiré » au cœur, entre les arbres, par une ouverture » qui n'était pas plus grande que ma main; mais » c'est avec votre fusil et vos munitions; ainsi, » vous le savez, d'après nos usages, l'animal est » à vous. J'ai pensé que le chef devait avoir la

» langue et le nez (1); le reste est dans le canot » à votre disposition. » Cette discrétion des Indiens, ce frein imposé par eux-mêmes à leur appétit me parut d'autant plus remarquable qu'ils n'avaient presque rien mangé depuis plusieurs jours, et que les bribes dont leurs amis les avaient approvisionnés ne pouvaient suffire à un repas. Mais jamais entre eux ils ne violent cette loi, et il faudrait rien moins que le danger imminent de mourir de faim, pour excuser un Indien de l'avoir transgressée. Néanmoins une conduite aussi scrupuleuse méritait de ma part une récompense; je m'empressai de l'accorder, en autorisant La Prise et ses camarades à garder pour eux la plus grande partie de l'animal.

12 août. — Nous continuâmes à descendre la Petite Rivière; mais un vent de nord-ouest très froid, dont la violence courbait les pins, nous indiquait assez ce qui se passait sur le

---

(1) La langue et le nez sont regardés comme les morceaux de choix.

lac. Nous le trouvâmes en effet si orageux, que nous ne pûmes nous aventurer plus loin, et que nous nous vîmes forcés de camper. La tourmente continua toute la nuit, et le 13 au matin le temps avait une apparence effrayante. Tout-à-coup le calme survint, le vent passa au sud, et six heures avant midi nous pûmes, sans danger, nous lancer sur la vaste étendue du lac. Nous longeâmes une côte basse, marécageuse, garnie d'une épaisse couche de débris d'arbres flottans, et nous gagnâmes un promontoire qu'on nomme pointe Rocky. Tournant alors dans la direction du nord, nous forçâmes sur les avirons pour atteindre un groupe d'îles éloignées, que, la réfraction de l'atmosphère nous faisait apparaître comme suspendues au ciel. C'est la traversée la plus redoutée des Indiens, qui, n'ayant d'autres embarcations que leurs petits canots, courent de grands dangers, si malheureusement ils sont surpris par un coup de vent. Une légère brise se leva ; grâce à elle et à nos avirons, nous abordâmes ces îles à onze heures avant midi. Elles sont trop nombreuses pour qu'on puisse en assigner le nombre. Nous remarquâmes sur plusieurs d'entre elles des bouquets de très petits pins; et celle sur laquelle nous débarquâmes produisait diverses espèces de baies, (Whorleberries et Cranberries). Les roches étaient toutes granitiques, les unes grises avec de petits cristaux de mica, les autres de feldspath rouge avec du quartz. De ce point je pus apercevoir les îles du Renne, et le cap Mackenzie à l'ouest; à l'est, un horizon clair et des parties de terre; au nord un rocher long excessivement élevé entre des îles innombrables; enfin au sud la côte du continent.

J'envoyai La Prise en avant, afin de prendre plus facilement mes gisements, me servant de lui comme d'un point de mire. Je le suivais de fort mauvaise humeur, car je venais de découvrir qu'au dernier campement le brigadier ou le patron avait oublié notre unique poêle à frire, au profit de ceux qui pourront l'y trouver. Ce n'était pas un objet de peu d'importance pour moi : tout disposé que j'étais à me contenter du pemmican, je me réjouissais cependant depuis plusieurs jours dans l'espoir de manger quelques bonnes côtelettes de ces rennes que nous devions trouver dans les terres stériles. Notre interprète avait beau m'affirmer que les *grillades* (comme il les appelait) étaient aussi bonnes rissolées dans la chaudière, ses assurances ne me donnaient qu'une faible consolation.

Nous nous engageâmes dans un labyrinthe d'îles, quelques unes escarpées, arrondies et nues, d'autres terminées en pente, découpées et couvertes de bouleaux ou de petits pins; après avoir tourné un peu au nord-nord-est, nous vîmes s'ouvrir devant nous un long et large chenal bordé de chaque côté par des rochers dont la hauteur très variable atteignait parfois mille pieds, et souvent n'allait guère qu'à deux cents. Ces rochers ressemblaient en certains points à ceux de l'ouest aux environs du

Gros-Cap, et en d'autres au granit rouge de Chipewyan. Je n'eus pas le temps de descendre à terre pour en prendre une plus ample connaissance. L'aspect du pays, tout-à-fait différent du lieu que nous avions quitté le matin, et la direction des terres qui paraissaient courir vers le nord, s'accordaient parfaitement avec les récits des Indiens et me faisaient espérer une longue navigation. On ne voyait plus de grands amas de bois en dérive comme ceux qu'on avait rencontrés, depuis la rivière l'Esclave jusqu'au cap Mackenzie, ainsi que sur les côtes orientales et occidentales du lac; l'eau n'était plus trouble et jaunâtre, mais verte et demi-transparente, d'une température de 52°(11°,1.C.). Celle de l'air, augmentée de 12° (6°, 7. C.), depuis le matin, était de 58° (14, 4. C.). A mesure que nous avancions, les îles étendues prenaient un caractère plus montagneux, et l'on remarquait que celles de la partie occidentale étaient beaucoup plus boisées que celles de la partie orientale. Parfois, à travers les échappées de vues, on apercevait à droite, sur un horizon clair, une terre bleue et vaporeuse fort éloignée. — A huit heures après midi, nos gens étant harassés, je fis préparer le campement pour la nuit.

14 août. — Le thermomètre ne marquait que 30° (—1°, 1. C.); et quand nous reprîmes notre route à quatre heures avant midi, par une brise froide, l'eau se trouva couverte d'une légère croûte de glace, qui endommagea l'écorce de notre canot et nous obligea à le réparer.

Le pays situé à notre gauche se dépouillait peu à peu de son caractère abrupte, et se transformait en collines à la croupe arrondie dont les pentes étaient couronnées de bois : deux légères colonnes de fumée, provenant sans doute de feux allumés par des chasseurs écartés de leur tribu, rompaient l'uniformité du tableau. Le pays situé à notre droite revêtait au contraire, à mesure que nous avancions, un caractère sauvage de grandeur et de hardiesse dont les Alpes et les Apennins ne m'ont jamais offert d'aussi frappans exemples. Les rochers, d'une hauteur de huit et de douze cents pieds, étaient déchirés comme par une violente convulsion, sillonnés de gouffres profonds, et terminés par des escarpements inaccessibles à l'animal le plus agile. Sur l'arête des abîmes, quelques pins flétris par l'âge projetaient leurs bras rabougris; l'un d'eux servait de trône à un majestueux aigle pêcheur qui, sans se soucier de nos cris, régnait paisiblement au milieu de ces rochers sauvages et déserts. Les pinceaux de Salvator eussent pu seuls exprimer la réalité de cette scène.

En continuant à avancer, notre vue fut arrêtée par deux collines de forme conique, d'un profil très pittoresque. Elles paraissaient tout-à-fait séparées du continent, non loin d'une pointe. Peu après cette pointe, la côte détourne à droite, s'étend au sud et à l'ouest, forme une large ceinture de quinze ou vingt milles d'étendue, et finit par joindre la pointe Rocky, à la distance d'environ cinquante milles, mesurée en ligne directe. Je donnai à l'ensemble des îles de cette partie le nom de *Groupe Simpson*, en témoignage de respect pour le gouverneur. Le chenal entre les îles occidentales et la côte n'a pas plus d'un quart de mille de largeur en certains points; dans ce resserrement, on remarque un clapotis causé par un fort courant de sud qu'on ne retrouve pas ailleurs.

L'abondance de la pêche en cette localité y a déterminé l'établissement d'un poste.

Lorsque nous sortîmes de l'extrémité nord du chenal, nous nous trouvâmes en face d'une magnifique nappe d'eau qui s'étendait à l'est et à l'ouest avec un horizon dégagé de tous côtés. Trois petites îles se montraient dans le lointain, et leurs escarpements réfléchissaient légèrement les rayons du soleil couchant.—La péninsule qui sépare les eaux du nord de celles du sud sur la côte orientale, a été appelée pointe *Keith*, pour reconnaître les bons offices de cet agent de la compagnie dont le nom a déjà plusieurs fois été mentionné.

Nous poussâmes ensuite une grande bordée

vers quelques collines en forme de table, faisant partie de ce que les Indiens appellent l'île du Renne; leurs flancs escarpés se dressent, comme de hautes murailles, au-dessus des bois qui garnissent les pentes du terrain inférieur. Nous abordâmes pour examiner de plus près ces formations diverses. Le rivage est formé, sur une étendue de deux ou trois milles, d'une sorte de poudingue provenant soit de l'action des glaces, dont les masses immenses exercent sur cette côte ouverte des pressions énormes et en écrasent les matériaux, soit du choc des vagues qui y déferlent sans cesse; ce poudingue renferme des pierres de différentes grandeurs plus ou moins arrondies, agglomérées par une argile jaunâtre qui est devenue aussi dure que la roche.—Le bord de la côte varie en hauteur depuis six jusqu'à quarante pieds, et du point où nous étions, il paraissait se perdre au milieu des rochers voisins; ceux-ci, atteignant une élévation tantôt de quatorze cents et tantôt de deux mille pieds, présentent un puissant contraste avec les contours onduleux de la côte du continent que nous apercevions à douze ou quinze milles de distance. — Nous nous embarquâmes et fîmes route vers la pointe d'une île fréquentée par les Indiens, à cause d'une pierre particulière généralement d'un gris verdâtre, destinée à faire leurs pipes; un d'eux voulait y visiter un petit dépôt de tabac qu'il y avait caché autrefois entre les roches, dans une année d'abondance; il trouva son petit trésor intact; mais il l'y laissa encore, comptant sur moi pour fournir à ses besoins actuels.

La face S.-O. des rochers était lisse et perpendiculaire: elle continuait ainsi à mesure que nous élevions vers le N.-E.; et jusqu'aux dernières limites que l'œil pût atteindre, elle présentait une muraille continue, flanquée à sa base d'une suite de collines de trapp ayant aussi des faces à pic et des sommets arrondis. Je ne pus que noter la ressemblance de ces collines avec certaines formations de terrains aux environs du lac Point, et sur la côte à l'est de la rivière des Mines-de-Cuivre. La terre était inabordable de ce côté. Nous mîmes le cap sur la côte nord du continent, où l'on apercevait le long des pentes quelques restes de neiges de l'hiver précédent. Là, nous débarquâmes, et l'on dressa la tente. La Prise installa un filet; le matin suivant, on y trouva quelques poissons blancs, une truite, et, ce qui surprit infiniment les Indiens, le poisson *inconnu* (1).

15 août. — Ayant vent debout et grosse mer, nous ne pûmes tirer grand parti de nos avirons; et ne voyant aucune terre pour nous abriter, nous fûmes bientôt obligés de mettre en panne. On m'avertit que La Prise et un Indien s'étaient pris de querelle dans le canot, assez vivement pour laisser craindre une issue funeste. Mon intervention les sépara plutôt qu'elle ne les réconcilia ; car La Prise, en se désistant, laissa échapper entre ses dents : « Vous pouvez

---

(1) Salmo Mackenzii. Voyez l'appendice de Richardson dans Franklin.

» remercier le chef pour cette fois, mais ce n'est
» pas fini, nous nous retrouverons sur les terres
» stériles. »

Le temps s'améliora, et nous continuâmes notre route au travers d'une passe étroite appelée Tal-Thel-Leh, ou partie qui ne gèle pas; le fait fut vérifié pendant deux hivers successifs, mais je n'en pourrais assigner la cause.—La côte à droite présentait un aspect hardi et imposant, c'était la continuation des formations trappéennes depuis la pointe *Pipe-Stone* (pierre à pipe), avec cette différence toutefois qu'elle avait l'aspect brun-clair et brillant du mica-schiste; elle s'élevait en gradins jusqu'à huit cents pieds. L'inclinaison de la chaîne était N. E. $\frac{1}{4}$ E., les faces des escarpements tournées au nord. Sur notre gauche, à un mille environ du trapp, les roches étaient principalement de gneiss, flanquées çà et là de contreforts de granit rouge ou de porphyre. Le courant portait au sud dans la passe; mais les Indiens affirmèrent que dans l'hiver c'était le contraire, car la glace était invariablement amoncelée vers le nord et non vers le sud. On apercevait quelques mélèzes et des pins clair-semés. Le pays présentait, comme aspect général, des hauteurs arrondies, terminées d'un côté par des vallées, et de l'autre côté s'arrêtant brusquement en partie aux murailles de l'île dont il a été fait mention plus haut, lesquelles se dressaient en sept rangées consécutives, d'un effet singulier et frappant. Une autre île, située entre la précédente et le continent, ne consistait qu'en un seul rocher, dont la face sud était découpée en colonnes entaillées de grandes fractures rhomboïdales; elle paraissait de basalte.

Le vent était tombé, l'horizon éclairci; mais nous avions à lutter contre une grande houle de l'avant qui venait briser sur les roches, et aurait anéanti sur-le-champ une flotte d'embarcations. Notre plus petit canot prenait beaucoup d'eau à chaque lame, une voie s'y était en outre déclarée, et les Indiens avaient jugé prudent de porter vers une petite baie, où ils prirent terre sans autre accident que celui d'être mouillés. Ils me crièrent aussitôt de ne pas aller plus avant, parce que le rivage était inabordable sur une étendue de quelques milles; plusieurs de leurs amis, ajoutaient-ils, avaient péri en ce même endroit, pour n'avoir pas voulu écouter ces bons conseils. Nous trouvâmes en effet, un peu plus loin, un fort ressac à la côte; et comme nous sentions l'approche d'un coup de vent, quoiqu'il ne fût pas annoncé par les nuages, nous aurions pu nous repentir de nous être entêtés contre les avis des Indiens. — A quelque distance, nous aperçûmes une glace flottante, c'était une montagne de glace en miniature; mais sa présence surprit beaucoup notre Canadien, qui avait toujours navigué dans le sud de la Colombie; il s'écria en français : «*Cela va bien, nous ne sommes pas mal avancés au nord!*» le pauvre garçon se croyait déjà près d'arriver à la mer Polaire.

Au détour d'une sorte de promontoire près duquel, d'après les renseignements qu'on m'avait donnés, je devais trouver une rivière, notre attention fut attirée par un des Indiens dont la vue perçante avait découvert, sur la crête d'un rocher, un malheureux ours tranquillement occupé à se régaler de baies sauvages. — *Sass, sass* (1), murmura-t-il à voix basse; et aussitôt toutes les têtes de se courber sur les bancs du canot; tous les mouvements de s'arrêter. Le brigadier de l'embarcation ne cessait de me faire des gestes et des signes auxquels je ne comprenais rien; enfin il me souffla à voix basse, ces mots français : « *Dites-lui donc d'ôter son bonnet rouge,* » désignant du doigt mon domestique, honnête garçon du Lancashire qui ne comprenait pas un mot de français, et n'ôtait pas ses yeux de dessus l'ours. Fort étonné que son bonnet rouge pût effrayer l'animal, il l'ôta cependant, et tout étant en

---

(1) C'est le nom qu'ils donnent à l'ours.

règle, l'interprète et l'indien gagnèrent le rivage à gué ; ils se glissèrent en silence entre les buissons et disparurent. Quelques minutes après, deux coups de fusil, suivis d'un cri de joie, annoncèrent que c'en était fait de l'ours. Tous les hommes partirent pour aller le quérir.

Pendant leur absence je rôdai aux environs et je vis des groseilles de diverses espèces encore vertes (goose berries, currants); je remarquai aussi quelques roses en bouton plus colorées que celles du Sud ; enfin je trouvai une couvée de jeunes canards.

Les hommes revinrent; l'ours étant de petite taille, le brigadier l'avait chargé sur son dos, en avait passé la tête sous son bras, et, à l'aide d'un bâton, lui tenait les mâchoires écartées ; ainsi accoutré, il avait lui-même passablement l'air d'un animal sauvage lorsqu'il sortit des arbres entre lesquels il se frayait un passage.

La soirée était déjà fort avancée. Nous profitâmes d'une baie abritée pour y mettre le canot en sûreté, et bientôt après La Prise arriva. Il avait découvert, après mon départ, que la gelée de la nuit précédente avait fendu son embarcation en plusieurs endroits et occasionné des voies d'eau. Ayant réparé l'avarie, il préférait aller en avant, avec moi, plutôt que de courir le risque de rester en arrière. La vérité est qu'il manquait de provisions et que sa troupe vivait aux dépens des nôtres; séparée de nous, même pour peu de temps, elle aurait beaucoup souffert.

Nous fûmes témoins d'une brillante aurore boréale, dont les mouvements rapides durèrent jusqu'à minuit; le vent s'accrut alors, et nous ne pûmes quitter la baie. Les chasseurs partirent à la recherche des daims; ils n'en rapportèrent pas, mais ils en trouvèrent des traces nombreuses et toutes fraîches.

Les observations faites en cette position nous donnèrent les résultats suivants : latitude 62°-45'-35"; longitude par les chronomètres 111°-19'-53", O. de Greenwich (113°-40'-17" de Paris);

déclinaison par la boussole de Kater 45°-31′ Est; thermomètre à trois heures après midi, 54° (12°, 2. C.).

17 août. — Les filets, tendus pendant la nuit, rapportèrent une truite et huit poissons blancs, qu'on répartit également entre les hommes; et, à quatre heures avant midi, nous partîmes, ayant à lutter contre une froide brise de nord-est. Mais, abrités par le continent et par les îles, nous avions déjà parcouru une assez bonne distance à l'époque du déjeuner. Nous dépassâmes une autre petite glace flottante, et quelques restes de neige conservés, malgré l'été, dans les crevasses profondes des collines.

Il est toujours difficile d'obtenir d'un Indien des renseignements positifs, même sur un sujet qui lui est familier dès l'enfance, et sur lequel on pourrait raisonnablement attendre de sa part une réponse catégorique : nous en eûmes ici une preuve bien frappante. Tous ceux qui étaient avec moi, et même celui qui avait précédemment tracé l'esquisse, commencèrent à insinuer que le Têh-Lon était encore loin au sud et à l'est, et que les portages entre les lacs intermédiaires seraient excessivement longs et fatigants, sinon tout-à-fait impraticables. Ils firent aussi observer que les Indiens, en voyage, emportent seulement leurs fusils, et rarement un petit canot qu'ils abandonnent ensuite pour s'éviter les embarras du transport.

D'après les gisements qu'ils m'indiquaient en cet instant, je me confirmai dans ma première opinion que, non seulement le Têh-Lon se trouvait à une très grande distance à l'est, mais aussi qu'il se dirigeait vers la baie d'Hudson.

D'un autre côté, un homme de leur troupe avouait avoir été sur le Thlew-ee-Choh dans son enfance; mais comme il avait fait le voyage par terre, il connaissait très peu la route par eau. Il savait seulement qu'à une journée de marche nous trouverions une rivière conduisant à quelques lacs par lesquels nous pourrions gagner le Thlew-ee-Choh. Cependant il doutait fort de la possibilité de transporter le canot à travers les montagnes et les chutes situées dans les terres stériles où se trouvent les lacs en question. « Les Indiens, disent-ils, « n'essayeraient pas de l'entreprendre; mais les « hommes blancs sont puissants!» Sans m'arrêter à cette dernière réflexion assez délicate à toucher, et connaissant l'influence des premières impressions, je n'hésitai pas à lui assurer qu'en effet j'avais la puissance de surmonter tous les obstacles qu'il décrivait, et qu'il me fallait seulement un chasseur actif et habile, comme lui, pour m'accompagner; je lui promis, s'il y consentait, de lui accorder une bonne récompense. Pour dire la vérité, je reconnaissais bien, à l'apparence générale du pays et à la hauteur croissante des montagnes, qu'il faudrait des efforts plus qu'ordinaires pour atteindre l'un ou l'autre des deux grands fleuves; mais, comme entre deux maux il faut choisir le moindre, je m'arrêtai au parti qui me semblait le moins mauvais.

Toujours côtoyant la rive septentrionale, et une longue chaîne d'îles à notre droite, nous atteignîmes un endroit désigné par les Indiens Chipewyans et par les Indiens Couteaux-Jaunes (Yellow Knives), sous le nom emphatique de *La Montagne*. C'est là qu'ils ont l'habitude de laisser leurs canots lorsqu'ils vont chasser le renne sur les terres stériles, et ils visitent fort rarement les contrées situées au-delà. Trois ou quatre hommes de l'équipage de La Prise, cédant à leurs vieilles habitudes, ne purent se décider à dépasser le rocher où ils terminaient ordinairement leur navigation, et ils se séparèrent de nous, sous prétexte d'aller rejoindre leur famille.

A partir du bord de l'eau, La Montagne s'élève graduellement en croupes de gneiss, entrecoupées de vallées parsemées d'arbres; ses divers sommets consistant en une suite de monticules de granit lisse et nu, terminés en cône obtus, atteignent rarement au-dessus de dix ou de quatorze cents pieds. La rivière de La Montagne coule au bas et se précipite en chute pittoresque dans le lac, sur une chaîne de roches irrégulières. Vis-à-vis s'arrêtent les îles qui commencent au Tal-Thel-Lel; une ligne menée directement de La Montagne vers le sud, va couper le massif de roches qui forme l'angle occidental de Gâh-Hount-chella ou Pointe Lièvre (Rabbit-Point). Cette pointe dentelée se projette en avant du continent dans une direction O. N.O.; elle rejoint et enveloppe la grande île de Peth-the-Nueh ou île Owl (hibou), de telle sorte que la terre semble continue, et offre l'aspect d'une baie profonde. Cependant cet effet provient d'une illusion d'optique occasionnée par la distance des objets et la réfraction. Car, bien que la continuité la plus parfaite paraisse régner tout le long de la ligne bleuâtre, qui forme le contour de la baie, cependant on découvrit par la suite qu'à la pointe Gah-Houn-Tchella se trouvait l'ouverture septentrionale d'un petit détroit conduisant à une magnifique baie intérieure, où nous avons établi une pêcherie dans la partie méridionale. Au sud de cette pêcherie, il existe encore un autre passage étroit bordé à l'ouest par les escarpemens à pic de Peth-the-Nueh, et à l'est par de sourcilleuses montagnes granitiques. La partie du lac où se trouve ce passage présente une nappe d'eau continue jusqu'à la pointe Keith; j'ai essayé d'en indiquer sur ma carte, par une ligne ponctuée, le rivage méridional, en faisant usage, pour ce tracé, de certains documens que je m'étais procurés par une investigation laborieuse auprès des Indiens. Suivant eux, ce rivage serait beaucoup plus éloigné du Peth-the-Nueh que je ne l'avais cru d'abord.

Peth-the-Nueh ou l'île Owl, (comme nous l'avons dit plus haut) est une accumulation de montagnes de trap, dont la partie la plus basse est à la pointe Pipe-Stone, opposée à l'île du Renne, et dont la partie la plus élevée est au passage étroit situé au sud de Gâh-Houn-

Tchella. De l'est à l'ouest cette île a une étendue de cinquante-quatre milles géographiques; la largeur du lac, un peu au-dessous de la rivière de La Montagne, peut être estimée au moins à trente-neuf milles du sud au nord. Peth-the-Nueh, entourée des deux côtés par le continent, est un peu plus voisine de la côte septentrionale que de l'autre; les rivières assez remarquables situées, sur la côte, au sud et à l'est sont très fréquentées par les Indiens chipewyans, qui en connaissent tous les rapides et tous les détours, et qui cependant n'ont pu me donner le moindre renseignement sur leurs sources. Ils en visitent une particulièrement au printemps, pour tuer des pélicans, qui y sont fort nombreux en cette saison; c'est celle qui a des îles à son embouchure, et qui est indiquée sur la carte comme se déchargeant dans la baie Christie : baie ainsi nommée de M. Christie, facteur en chef de la Compagnie, à qui j'ai voulu donner ce témoignage de ma reconnaissance pour ses bons offices envers moi.

Continuant à longer les rochers de la côte septentrionale, nous passâmes devant un torrent d'un aspect fort pittoresque; on distingue au loin ses filets d'eau argentés franchissant des pentes escarpées, et l'œil pouvait les suivre jusqu'au moment où le lac les recevait dans son sein. Nous campâmes près de là sur les bords de la rivière de la Pointe Rocky; la journée avait été magnifique, le thermomètre s'était maintenu à 52° (11°,1. C.)

18 août. — Nous partîmes à quatre heures avant midi, comptant arriver en deux heures à la rivière dont les Indiens nous avaient parlé; mais nous n'y trouvâmes qu'un torrent. « Ce n'est pas cela, » dit Maufelly, l'Indien qui devait me servir de guide. Nous reprîmes donc nos avirons et continuâmes à naviguer sur ce lac, réduit alors à une largeur de cinq ou six milles; il se terminait en apparence à une pointe bleuâtre au S. E., que nous reconnûmes plus tard conduire à une baie pro-

fonde, laquelle forme la partie orientale du grand lac de l'Esclave. Pour éviter un long circuit je songeais à effectuer un portage en un point favorable, et j'allais donner des ordres à ce sujet, lorsque, dépassant quelques rochers qui nous empêchaient d'accoster la terre, nous vîmes soudainement une petite baie s'ouvrir devant nous; elle se terminait dans l'intérieur par une magnifique chute de plus de soixante pieds, qui précipitait au fond d'un gouffre noir, deux nappes d'eau écumantes et entourées de brouillard.—C'était là l'objet de nos recherches, c'était la rivière que nous avions à remonter!— Sans tenir compte des gestes très significatifs de mon équipage, j'abordai aussitôt, je fis tirer à sec le petit canot pour le réparer à fond; une ou deux couvertures avec quelques autres objets furent mis à part; et je confiai le grand canot à La Prise qui devait le ramener à Mr Mac-Leod, avec le reste du bagage.

Les observations de ce jour donnèrent 62°-50′-15″ N. de latitude; 109°-47′-54″ O. de longit. de Greenwich (112°-8′-18″ de Paris.); et 36°-52′-de déclinaison orientale.

CHAPITRE IV.

Difficultés que nous eûmes à vaincre pour remonter la rivière de Hoart-Frost. — Paysages remarquables.— L'interprète est malade. — Campement dans une île du lac Cook. — Nous remontons une autre petite rivière pleine de rapides. — Désertion de deux Indiens. — Embarras du guide pour indiquer la route ; sa tentative de fuite.—Suite de cours d'eau et de lacs. — Ce que racontent les Indiens au sujet du Thê-Lew ou Thê-Lon. — Lacs de Clinton-Colden, Aylmer et Sussex. — Découverte du Thlew-ee-Choh.

L'aspect du pays changea devant nous. Au lieu de la surface unie du lac, où jusqu'alors la rame nous avait ouvert une route facile, nous eûmes à lutter, pour atteindre aux hautes terres, contre un courant inconnu qui descendait avec rapidité sur un fonds plein de roches. Les fatigues que nous avions gaiement surmontées n'avaient encore guère différé de celles qu'ont coutume de rencontrer presque partout les *Voyageurs* : mais dès cet instant il était évident qu'il nous devenait nécessaire de rassembler tous nos efforts et de recueillir toute notre patience.

Les Indiens nous apprirent que la chute d'eau, à laquelle j'avais donné le nom de Beverley en mémoire de mon courageux ami qui accompagna sir E. Parry dans son voyage au pôle, était le commencement d'une suite effrayante de cascades et de rapides : suivant eux ces accidents de la rivière de Hoar-Frost en étaient précisément les caractères distinctifs. Bientôt quinze à vingt petits canots cachés dans les touffes d'arbustes et attendant, suivant toute vraisemblance, le retour de mon vieil ami Akaitcho et des siens qui chassaient dans les terres stériles, m'indiquèrent assez clairement la nature des obstacles que nous devions nous attendre à rencontrer. Maufelly persista toutefois à soutenir que ce chemin était le seul praticable, ajoutant qu'en suivant ce cours d'eau nous abrégerions la distance, et que, de plus, nous pourrions trouver dans cette direction un vieil homme qui nous donnerait tous les renseignements désirables sur le Thlew-ee-Choh.

La plus grande partie de notre petite cargaison, qui consistait en trois sacs de pemmican, avec un peu de tabac, etc., avait été montée la veille au soir. Le matin du 19 août, on tira de l'eau le filet, on en ôta quelques poissons blancs et bleus, et l'on emporta le reste. La principale difficulté consistait à monter le canot le long d'une pente inégale et glissante, embarrassée d'arbres et de buissons. La première élévation, où nous nous arrêtâmes pour nous reposer, était formée de sable et de débris des rocs environnants, en grande partie composés de feldspath rouge et de quartz. Ayant traversé un marais, et monté de nouveau, nous arrivâmes à une pointe, au-dessus d'une seconde chute, à la suite de laquelle se trouvait une petite surface d'eau unie qui reçut notre canot et donna à nos hommes un peu de répit pour reprendre de nouvelles forces. A cet endroit je renvoyai La Prise, qui nous avait aidés jusque là avec ses deux petits enfants. Il fut chargé d'une lettre pour M. Mac-Leod que j'invitais à commencer la construction d'un établissement à l'extrémité orientale du lac dont la rivière, d'après mon estimation, ne devait pas être séparée de plus d'une journée de marche. Je l'informais aussi qu'il devait m'attendre à peu près vers le mois de septembre.

Après avoir ramé sur le lac pendant un espace de quelques centaines de yards, nous aperçûmes des nuages de poussière liquide, s'élevant d'une troisième et d'une quatrième chutes, trop dangereuses pour qu'il fût prudent d'en approcher.

La voie par terre n'était possible qu'à travers un bois fort épais, et où dominaient des ifs rabougris, qu'il était extrêmement difficile de briser ou d'écarter; cependant il fallait avancer, et nous nous enfonçâmes, tout embarrassés par nos fardeaux, au milieu des branchages, sur des arbres renversés, au travers des ruisseaux et des marécages. Enfin un terrain inculte s'ouvrit à nos yeux. C'était un paysage nu et désolé; des roches entassées sur des roches à une hauteur de deux mille pieds depuis leur base; le cours de la rivière étroitement resserrée, ne se distinguait plus au-dessous de nous qu'à sa longue trace d'écume. Obligés de faire de fréquentes haltes pour reprendre haleine, nous n'arrivâmes que lentement au sommet. Là, nous découvrîmes tout-à-coup le lac bleuâtre, que nous venions de quitter, comme si ses bords eussent touché à nos pieds; et la beauté de la perspective variée qui s'offrait à nos regards nous captiva tellement que nous oubliâmes en un instant notre fatigue. Mais quelque force de volonté qu'on ait, il n'est pas toujours possible de réagir contre la souffrance; notre interprète, qui depuis plusieurs jours avait donné quelques signes de malaise, se trouva si fort affaibli qu'il ne pouvait plus que se traîner à peine. Les Indiens le soulagèrent en l'aidant à porter sa charge; ils étaient en bonne humeur parce qu'ils avaient découvert quelques traces fraîches de daims, ce qui, suivant eux, indiquait que les animaux nomades commençaient à émigrer du nord et que la saison de la chasse arriverait plus tôt que de coutume. La descente vers la rivière fut d'abord lente; les pieds étaient mal assurés sur la surface arrondie des rochers. Bientôt succédèrent des marais couverts de mousse, puis un profond précipice si abrupt que, bien que je n'eusse d'autre bagage que mon manteau et mon fusil, il fallut toute mon attention et mon expérience pour ne pas être précipité avec les masses chancelantes qui menaçaient de crouler sous mes pas.

Nos gens qui portaient le canot firent preuve de résolution et de persévérance : une fois, ils glissèrent, mais ils surent s'arrêter et se relever avec tant d'adresse, qu'après peu d'instans d'angoisses nous eûmes la satisfaction de nous embarquer sains et saufs sur la rivière vers laquelle nous descendions, et qui se dirigeait à peu près vers le N.-N.-E. pendant trois milles. Le courant était fort et rapide, et toutefois la surface de l'eau était unie comme un miroir, des deux côtés régnait une suite de rochers en pente, tout verdoyants et couverts de bouleaux, d'ifs et de saules. Le soleil était trop près de son couché, et l'équipage trop fatigué pour qu'il fût possible d'aller plus loin. Nous gagnâmes le rivage, et ayant choisi un emplacement convenable pour planter notre tente, nous nous disposâmes à passer la nuit de notre mieux.

Mais pour notre dernière souffrance du jour nous eûmes à essuyer les attaques de myriades de moustiques et de maringouins qui nous eurent bientôt ensanglanté tout le visage. Assurément parmi les nombreuses misères inhérentes à la vie aventureuse d'un *Voyageur*, il n'en est point de plus insupportable et de plus humiliante que la torture que font subir ces petites sangsues ailées. En vain on tenterait de leur échapper : en vain, en se défendant contre elles, on en écraserait quelques milliers; la force s'épuiserait à cette lutte inégale; et à la fin, épuisé de souffrance et de fatigue, il ne resterait toujours d'autre ressource que de se couvrir, de désespoir, la figure, et, à demi étouffé, de gémir après quelques heures d'un repos sans sommeil.

20 août. — Le thermomètre tomba à 36° (2°,2′ C), et à quatre heures avant midi, dès que les roches à fleur d'eau et les autres obstacles de notre route purent être distingués, nous avançâmes avec courage et avec bon espoir jusqu'à un certain endroit où nous fûmes arrêtés par un rapide suivi bientôt de tant d'autres que la plus grande partie de notre matinée ne fut guère occupée qu'à alléger notre canot et à le tirer avec une corde. A la fin, une chute de vingt pieds nous obligea à porter nous-mêmes à la fois canot et bagages. Plus loin, nous eûmes à lutter contre d'autres rapides, et avec une telle continuité, que, le canot commençant à être fort endommagé, nous dûmes prudemment nous hâter de gagner le rivage.

Notre malheureux interprète n'avait pu prendre aucune part au travail : il était évident qu'il souffrait cruellement, et il me demanda quelque remède pour le soulager. Je n'avais qu'une boîte de pilules communes et un peu d'eau-de-vie : ce n'étaient point là des spécifiques convenables pour un mal qui aurait exigé les soins et l'expérience d'un homme de l'art. Mais le pauvre diable me suppliait avec tant d'instance, il paraissait tellement convaincu que je pouvais le secourir, qu'il me fallut céder à ses prières. Je lui donnai donc des pilules : elles redoublèrent son mal; mais je lui donnai ensuite quelques gorgées de la bouteille, et il se trouva mieux.

A peine les réparations dont avait besoin notre canot furent-elles achevées, et nos travaux repris, qu'il se présenta devant nous d'autres obstacles. Nous avions à remonter un étroit chenal d'eau profonde, bordé de roches anguleuses, souvent tellement rapprochées qu'il ne restait que la place rigoureusement nécessaire pour passer. Une chute considérable vint à la traverse ; sa violence faillit renverser les hommes qui tiraient le canot; ils triomphèrent cependant à force d'énergie, mais pour se trouver en face de trois chutes très distinctes, s'élevant comme trois immenses degrés à une hauteur de quarante-cinq pieds. Il fallait donc de nouveau porter le matériel, au grand ennui de toute la petite troupe, qui, en semblable occasion, se ressent vivement du malaise ou de l'affaiblissement du moindre de ceux qui la composent. Un ou deux autres rapides et une chute de peu de largeur et de vingt pieds de hauteur furent les derniers obstacles que nous eûmes à vaincre, pour achever de remonter cette rivière turbulente et inhospitalière. A part les dangers, rien ne saurait être plus pittoresque que le spectacle sauvage de son cours et de ses rives. Ici, des rochers élevés semblables à des tours en saillie sur l'eau, ou revêtant mille formes diverses, tantôt couverts de mousses colorées, tantôt ombragés par des arbres qui surplombent; là, une plaine d'eau, unie comme une lame d'argent; plus loin, le fracas et l'écume bouillonnante d'une cataracte; tels sont les traits les plus frappants des scènes que nous venions de voir se succéder sur notre route.

Le canot ayant été parfaitement réparé, nous poursuivîmes, et nous eûmes un autre spectacle. Un amphithéâtre de collines doucement inclinées et clair-semées de roches arrondies, et de quelques bouquets de sombres sapins se détachant sévèrement sur le sable doré, embrassait une calme étendue d'eau, qui se dirigeait vers le nord en s'élargissant de plus en plus pendant la distance de trois ou quatre milles. On voyait encore quelques restes de glace à ses rives; et des souliers et des bottes à neige suspendus aux perches d'un campement depuis peu abandonné, indiquaient que c'était un endroit de refuge, fréquenté par les Indiens.

Il était trop tard pour atteindre les pins, car le soleil était couché. Il fallut camper dans une île où nous avions remarqué quelques broussailles qui pouvaient servir à faire cuire notre souper. Dès que nous eûmes abordé, nous fûmes assaillis par des essaims de maringouins et de moustiques.

Je ne sais s'il y a rien de bien neuf dans l'observation que je fis à cette heure en me promenant sur le rivage; mais en admirant le repos et le silence qui régnaient de toutes parts sous ces' douces teintes du couchant mourantes à l'horizon, et en comparant cette paisible scène au tumulte, à l'animation bruyante, aux mouvements affairés du matin, je crus y voir une image de cette époque la plus heureuse de la vie, où à la turbulence et à l'énergie de la jeunesse succède le calme d'esprit et de cœur de l'âge mûr. Je me rappelai mes amis, en cet instant si loin de moi... un d'eux surtout, qui m'est bien cher depuis long-temps; et, en mémoire de lui, je donnai à la nappe d'eau qui s'étendait devant moi le nom de lac Cook.

Comme la nuit tombait, on aperçut indistinctement un objet animé sur le lac. Ce ne pouvait être ni l'oiseau nommé Loon ni une bête fauve, mais l'équivoque lenteur de ses mouvements était propre à exciter quelque soupçon; notre invalide fixa attentivement ses regards de ce côté. Son avis, ainsi que celui des trois Indiens et le mien, fut que c'était sans doute un voleur chipewyan, ou un éclaireur de la tribu des Indiens du lac de l'Esclave, en guerre avec les Couteaux-Jaunes. L'événement prouva toutefois que nous avions mal deviné; nous reconnûmes bientôt un de ceux qui nous avaient quittés sur la montagne. Il avait perdu les deux seules charges de poudre dont il était muni, et il avait été contraint à ce long voyage pour nous demander quelque subsistance qui pût soutenir sa famille jusqu'à ce qu'il eût rejoint ses compagnons. « Si j'avais eu seulement ma

» femme avec moi, nous dit-il d'une voix
» affaiblie, je ne serais pas venu importuner le
» chef; nous aurions vécu de petites graines et
» de baies; mais voyant les souffrances de
» mon enfant, entendant ses cris, j'ai senti
» mon cœur défaillir, et je suis venu vous de-
» mander du secours. » Il n'eut pas besoin d'en
dire davantage; et ayant reçu de nous une
ample provision d'aliments et de poudre, il
s'éloigna transporté de joie et de reconnaissance.

21 août. — Il s'était formé une légère couche de glace pendant la nuit, bien que lorsque nous partîmes, à quatre heures avant midi, le thermomètre marquât 38° (3°, 3, C). A quelques milles au nord, nous rencontrâmes une rivière barrée par quinze rapides, dont la hauteur variait de trois à dix pieds. Dans toute autre situation, une série si opiniâtre d'obstacles m'eût causé de sérieux ennuis; mais alors je les regardai sans grand déplaisir, et en quelque sorte comme des degrés qui me conduisaient

aux terres élevées où se trouvait le point de partage des eaux, seul but que dans cette saison reculée je pouvais espérer d'atteindre.

De Charloit, notre patron, était l'un des hommes les plus habiles du pays, et en aucun lieu sa force et son activité prodigieuses n'avaient été soumises à une plus vigoureuse épreuve qu'en cette occasion. Au milieu des plus grands dangers, dont nous menaçaient les rapides ou les chutes, il demeurait calme, intrépide et réfléchi; et souvent, lorsque la perche et l'aviron ne pouvaient plus être d'aucune utilité, il se jetait dans l'eau bouillonnante, et assurant sa position d'un pied ferme, il résistait là où les autres auraient été renversés et balayés en un instant. Mais cette fois, en dépit de tout son zèle et de tous ses efforts, notre frêle embarcation fut cruellement chavirée, et bientôt disjointe des deux côtés elle tomba en morceaux; aussi ne fut-ce pas sans grande joie qu'après en avoir porté avec fatigue les débris, nous trouvâmes une étendue d'eau ouverte et unie.

Tandis que l'on enduisait de poix et de gomme les morceaux réunis du canot, je gravis au sommet d'une petite chaîne de rochers haute d'environ deux cents pieds et dont l'inclinaison était dirigée vers l'est. De cet endroit, Maufelly montra du doigt un lac sur lequel il dit que nous aurions un long trajet à faire, ajoutant toutefois que la dernière fois qu'il avait passé en ce lieu il avait été aveuglé par la neige, à ce point qu'on fut obligé de le conduire avec une corde, et qu'il n'en avait pas conservé un souvenir très fidèle. Il demanda, en conséquence, la permission d'aller prendre vue sur diverses collines; il y en eut une qu'il reconnut et il indiqua de là un endroit où il avait tué une bête fauve; mais ce n'était pas assez pour qu'il fût en état de nous enseigner sûrement notre véritable marche. Nous retournâmes donc au canot sans pouvoir rien déterminer davantage. Quant aux deux petits Indiens, soit qu'ils ne fussent pas du même sentiment ou qu'ils n'eussent pas de confiance en Maufelly, soit que ce fût un pur effet de leur naturel inconstant et capricieux, ils se préparèrent en un certain endroit du rivage à se mettre en marche, voulant aller voir leurs parents, qui devaient être, selon leur opinion, à peu près dans la direction du nord-ouest. Comme il n'y avait aucun indice d'Indiens sous la portée de la longue-vue, nous essayâmes de les dissuader de leur projet, et avec d'autant plus d'ardeur que leurs services nous devenaient doublement utiles pour aider à porter les bagages lorsque l'eau manquait sur notre route : les petits diables le savaient bien; mais ils rejetèrent avec une invincible opiniâtreté toutes les offres qui leur furent faites. Convaincu de l'impossibilité de les persuader, je leur donnai une petite provision de poudre, en les menaçant toutefois de ne pas les recevoir dans le fort s'ils n'y revenaient avec une grosse pièce de bonne viande.

Nous reprîmes l'aviron, naviguant au milieu d'îles qui s'étendaient à une grande distance sous un horizon infini vers l'ouest. Il était évident que Maufelly était inquiet; car, bien qu'il connût la direction générale, il connaissait peu la forme du lac; nous donnions à chaque instant dans une baie, ou nous tournions autour d'une île. Ne me souciant en aucune manière de ce jeu, je fis aborder, et j'envoyai De Charloit et l'Indien *reconnaître* : à leur retour, ils nous dirent qu'ils avaient découvert un lac dans la direction que nous avions le projet de suivre. — Les moustiques nous tourmentèrent cruellement; et le pilote, à qui elles portaient une affection particulière, en eut les yeux tellement enflés qu'il pouvait à peine voir.

Le lendemain (22 août) à la chute du jour nous entrâmes dans une baie, d'où le canot et le bagage furent transportés vers deux petits lacs. Un autre trajet sur terre nous conduisit à une grande nappe d'eau, qui toutefois n'était qu'un bras du lac que nous avions quitté : nous y trouvâmes aussi des îlots formés de roches basses en pente et plus ou moins couverts de mousse de renne, et de larges pierres. Des fragments d'ancienne glace adhéraient encore aux rivages ; et sur quelques unes des collines, dont la teinte était déjà rembrunie, on voyait des couches de neige du dernier hiver. En peu d'heures nous arrivâmes à l'extrémité du lac (qui reçut le nom du révérend docteur Walmsley de Hanwell); et j'envoyai des éclaireurs de divers côtés pour reconnaître la route la plus directe et la plus facile vers le grand lac, objet de nos recherches.

Une suite d'observations donna pour latitude 63°-23'-46" N., pour longitude 108°-8'-16" (110°-28'-40" de Paris), et pour déclinaison 36°-0' E., c'est-à-dire une position un peu au nord du lac Chesadawd de Hearne; quoique, d'après le témoignage unanime des Indiens, le seul lac de ce nom dût être situé entre le lac Athabasca et le grand lac de l'Esclave.

Vers le soir nos éclaireurs revinrent, et presque en même temps il arriva un des enfants indiens, qui, à la suite de quelque petite querelle, s'était séparé de son compagnon et demandait à continuer le voyage avec nous. L'autre était parvenu à trouver une chaîne de petits lacs se dirigeant du côté de l'est, et avait été assez heureux pour tuer un jeune daim. Nous renvoyâmes sans cérémonie l'enfant, en l'invitant à informer sa tribu que ceux qui désiraient tirer profit d'une expédition devaient s'y montrer attachés et persévérants, et, suivant leur propre langage, ne jamais « parler avec deux langues ; » que c'était le seul moyen d'acquérir des droits à une récompense. Nous lui refusâmes même un grain de poudre. Cette rigueur, qui ne devait pas manquer d'être connue, était très propre à exercer une influence salutaire sur toute la tribu : car, bien que les Indiens soient inconstants et ingrats, ils ont assez de bon sens pour comprendre leurs fautes, et assez de candeur pour les reconnaître. En cette circonstance, le petit vaurien sourit en s'en allant, et dit que « cela était juste, et qu'il n'avait pas mérité un meilleur traitement. »

23 août. — Nous commençâmes à marcher et à porter dès le point du jour; et, quoique tourmentés par les moustiques depuis le moment où le soleil eut quelque force, accablés de grêle et inondés de pluie aussitôt qu'il commença à décliner, nous fîmes plus de quinze portages avant que la nuit nous forçât à camper.

24 août. — Le therm. tomba à 32° (0,° 0. C) et un brouillard froid s'éleva des innombrables cours d'eau; mais bientôt le soleil sortant des nuages gris qui couvraient l'horizon à l'est, il nous fut permis de reprendre notre fastidieux travail. Une suite de lacs et de portages nous conduisirent à un petit cours d'eau qui se dirigeait, à ma grande joie, vers l'est. A son embouchure, dans une vaste étendue d'eau, je découvris quelques collines de sable vers le

nord-ouest, ce qui m'autorisa à conclure que nous ne devions pas être éloignés des *terres hautes*. Malheureusement la gelée avait fendu l'écorce du canot, et il fallut quelque temps pour la mettre en état. Cette réparation achevée, nous reprîmes notre route vers quelques collines qui, du côté de l'est, d'après le témoignage de Maufelly, devaient plonger dans le grand lac. Mais un doute s'éleva alors sur la probabilité d'un passage le long de la base des collines de sable vers l'ouest; car il me semblait découvrir une vaste ouverture qui s'étendait de là très loin vers la droite, et qui, dans mon opinion, devait s'unir avec l'autre grande nappe d'eau. Quoi qu'il en fût, l'Indien opposa son *veto* à la proposition; en conséquence, après avoir atteint les collines bleues et fait un long trajet, j'eus la satisfaction de voir enfin une large et claire étendue d'eau vers le sud, sans autres limites que l'horizon. — La latitude était 63°-23′-57″ N.

Nous traversâmes un énorme renflement,

qui semblait être une continuation du rivage opposé, mais qui se trouva être le contour septentrional d'une baie où se rendait une rivière rapide, que, suivant Maufelly, nous devions remonter. Le cours de cette rivière était, en effet, une magnifique ligne droite, et on distinguait au loin une colonne de fumée, vers laquelle notre Indien voulut aller, sous prétexte de demander des renseignements; il affirmait qu'il ne connaissait aucune autre communication par eau au-delà de celle où nous étions. Je jugeai à propos de m'offenser de cette manière d'agir, et, avec un ton sévère, je lui donnai à entendre que jamais la ruse et la duplicité ne réussiraient avec moi, et encore moins dans cette circonstance. D'après son propre aveu, il avait été à un autre lac : son mensonge était donc manifeste. Je lui dis que je lisais clairement dans sa pensée qu'il voulait déserter; qu'il le pouvait; mais que, par ce mauvais procédé, il perdrait tout droit aux récompenses que je lui avais destinées. L'effet de ces observations fut instantané. Il reconnut qu'il avait eu tort, et jura fidélité pour l'avenir, me priant de ne lui vouloir aucun mal, si quelquefois, par défaut de mémoire, il nous faisait dévier de notre route, et ajoutant que « depuis bien des années il n'était plus un enfant, et que depuis son enfance, il n'avait jamais été au-delà du lieu où nous étions arrivés. »

Les bords du cours d'eau étaient en grande partie de sable rassemblé çà et là en monticules, refuges confortables de siffleux ou d'écureuils de terre, dont quelques uns se chauffaient en compagnie au soleil, ou, gravement assis, se regardaient les uns les autres ; à notre approche, ils disparaissaient.

Quatre courants, se réunissant en une chute de seize à vingt pieds, furent les seuls obstacles de notre navigation; vers cinq heures, nous en eûmes triomphé, et nous entrâmes dans un lac magnifique. Près de là, nous vîmes un renne courant avec une incroyable vitesse; il était suivi par un grand loup blanc, qui, bien qu'il parût avoir peu de chances d'atteindre sa proie, paraissait fort acharné à sa poursuite. — Le renne faisait insensiblement un crochet pour traverser au-dessous du rapide; mais sur l'autre bord se montra alors un second loup blanc, tapi contre terre, les yeux fixés sur lui, et évidemment en embuscade pour le happer au passage.

J'ai une antipathie particulière pour les loups, quelle que soit la fourrure dont la nature les a vêtus; et bien que ceux-ci, en cette occasion, ne fissent autre chose que suivre l'instinct de leur appétit, je ne pus m'empêcher d'intervenir de la voix et du geste. Le renne, palpitant, bondit à mes côtés comme s'il eût eu conscience de la protection que je lui accordais. Quant au loup, il demeura un instant immobile; puis, sentant qu'il avait en moi un ennemi, il se déroba lentement à ma vue, derrière des fragments de rochers.

Près des bords du lac et même à plusieurs milles au-delà, le sol était bas et uni, offrant seulement de loin en loin quelques collines de moyenne grandeur. C'était près de l'une d'elles, à l'est, que passait la route du Têh-Lon ou Thê-Lew. Comme j'étais bien certain de repasser par cet endroit, je profitai d'un monceau de pierres détachées qui formaient îlot, pour y cacher un sac de pemmican. Bientôt nous trouvâmes une bonne mousse pour faire notre cuisine; cette trouvaille n'étant pas d'une mince importance dans les terres stériles, nous nous arrêtâmes incontinent pour camper.

Les perdrix blanches ne cessèrent de chanter qu'à minuit; elles se taisaient à peine, qu'une vingtaine de loons de la plus grande espèce interrompirent à chaque instant mon sommeil par leurs cris perçants qui me faisaient tressaillir. Je ne pus fermer l'œil de la nuit, et j'attendis avec impatience le matin du 25 août pour échapper à ce concert, dont les notes aigres me déchiraient les oreilles.

A mesure que nous avancions, la terre s'élevait insensiblement, de chaque côté, à cent soixante-dix ou cent quatre-vingt-dix pieds, en sommets arrondis, couverts en partie de beaux lichens, et jonchés de grands blocs détachés, ressemblant exactement à ceux qui entourent le lac Point. Çà et là, dans les riches pâturages des vallées, on voyait quelques daims dispersés.

Nous trouvâmes un faible courant contraire, et ayant passé par un goulet où le clapotis assez fort ressemblait assez à celui d'un rapide, nous nous engageâmes dans les baies. Maufelly ne reconnaissait plus la route; après quelques tentatives inutiles dans une demi-douzaine d'ouvertures, je rentrai dans le courant qui devint peu à peu insensible. Me guidant alors sur la direction générale de la dernière rivière, je portai sur une colline fort éloignée dans le nord qui se trouva être heureusement la pointe occidentale d'un goulet étroit bien connu des Indiens Couteaux-Jaunes. Ce passage était particulièrement affectionné par les daims; ils n'avaient en effet que cet endroit pour traverser d'un côté à l'autre. Nous en vîmes une *bande* (1) à la nage.

L'aspect du pays était nu et menaçant. Nous ne trouvâmes pas un buisson au campement, et l'humidité de la mousse l'empêchait de s'allumer; il fallut une certaine adresse pour faire du feu; cependant on y parvint en élevant deux murs parallèles et remplissant l'intervalle de mousse, le courant d'air qui s'établit entre les deux murs eut bientôt mis la mousse en flamme; ce procédé si simple nous épargna bien des embarras par la suite.

La passe conduisait à un grand lac où nous distinguions à peine la côte du nord, tandis que celles de l'est et de l'ouest paraissaient découpées par des baies et de profondes ouvertures; une de celles-ci, à droite, offrait un horizon dégagé, et d'après Maufelly, elle conduisait au Thê-Lew.

(1) Le mot *bande* s'emploie lorsqu'il y a plus de six animaux.

Plusieurs Indiens, qui avaient visité ces localités, m'apprirent ensuite qu'un portage, à l'extrémité orientale d'une profonde baie, faisait atteindre un petit lac d'où par un second portage on arrivait à un autre lac plus considérable; ce dernier se déchargeait par une rivière dans l'extrémité nord-est d'un troisième lac, très long, mais étroit, dont l'extrémité sud s'étendait presque jusqu'à moitié chemin du grand lac de l'Esclave. A l'est, ajoutaient-ils, ce troisième lac se lie, par une courte ligne de rapides, avec un lac d'une forme singulière, qui, au moyen d'une rivière de dix-sept milles de long, communique au Thê-Lew, éloigné d'environ quatre-vingts milles du point où nous nous trouvons.—Quant au cours de la principale rivière, il paraissait être peu connu; les Indiens n'y pénètrent guère à plus de vingt milles au-delà de la partie qui vient d'être décrite; ils nous dirent seulement qu'elle se dirigeait constamment vers le nord-est.

Nous suivîmes la rive occidentale du lac

où nous venions d'entrer, et nous coupâmes de pointe en pointe parmi des îles d'une telle étendue qu'il nous arriva souvent de les prendre pour le continent. Les eaux étaient d'un bleu indigo foncé, mais très limpides. Le léger saut d'un poisson poursuivant une mouche d'eau rompait seul de temps en temps le silence et le calme qui régnaient dans ces lieux. Cette sérénité y est-elle continuelle, ou bien le lac n'en jouit-il qu'à l'époque où disparaissent les glaces qui l'enchaînent durant l'hiver? je ne saurais le dire; je n'observais toutefois le long des rives ni ces laisses de sable, ni cette suite de bancs si communs dans les lacs du sud et qui proviennent de l'action des vagues réunie au mouvement d'élévation et d'abaissement des eaux. Je n'apercevais pas non plus au bas des rochers ces lignes horizontales qui, dans les autres parties de cette contrée, indiquent exactement aux voyageurs les variations du niveau de l'eau aux différentes saisons.

Égaré parfois au milieu d'une assez grande

quantité de baies et d'îles, notre Indien allait grimper sur les hauteurs afin de découvrir la meilleure route; et il reconnut que nous éviterions des détours aussi inutiles qu'ennuyeux en nous dirigeant plus au nord. Pour justifier ses incertitudes, il répétait sans cesse que plusieurs hivers avaient blanchi la contrée depuis qu'il avait visité le Thlew-ee-Choh, dans son enfance, avec son vieux père; mais cependant il se rappelait avoir entendu conter qu'il y avait beaucoup de collines de sable au voisinage; et quelque chose lui disait que nous trouverions ce fleuve tôt ou tard. Il se réjouissait surtout de voir maintenant que nos recherches pouvaient être terminées avant l'arrivée de l'hiver, tandis que jusqu'alors il avait craint le contraire.

Depuis long-temps nous apercevions à l'horizon, dans la partie de l'ouest, une blancheur éblouissante que nous ne pouvions attribuer à l'effet ordinaire des rayons du soleil; nous fûmes extrêmement mortifiés de reconnaître en approchant un véritable champ de glaces, en partie fondues, mais assez compactes néanmoins pour arrêter les plus grands navires de la marine royale. Je n'avais pas besoin d'autres preuves pour me convaincre de la destruction tardive des barrières que l'hiver opposerait à nos efforts, et de la faible chance qui me resterait pour accomplir mon voyage par eau, au commencement de l'été. Toutefois, cette sorte d'avertissement ne fut pas inutile; il me prépara à lutter contre des obstacles que je n'avais pas encore rencontrés, et me donna occasion de mûrir divers plans nécessaires pour mener à bonne fin l'exécution de cette partie de ma mission.

Après avoir côtoyé le champ de glace, nous fîmes route vers un massif montueux fort remarquable, situé au nord-est, où j'apercevais un passage conduisant au nord. Mais le soleil s'était couché, la journée avait été dure, et mon équipage, harassé, demandait à camper, nonobstant les attaques incessantes de nos insatiables ennemis les maringouins et les moustiques; certes, ces insectes, qui nous harcelaient sans relâche, témoignaient bien de la faiblesse humaine, puisque avec toute sa puissance et son habileté tant vantées, il ne peut se garantir de ces faibles atomes de la création.

26 août. — La température était descendue à 31° (— 0°,5. C.). Une légère couche de glace s'étendait à quelques centaines de yards du rivage, tandis que les cadavres de mouches noircissaient les eaux libres du lac. Toute mince que fût la glace, il fallut les plus grandes précautions de la part du brigadier pour ouvrir un passage au canot; car la gelée de la nuit précédente avait rendu l'écorce cassante, et le moindre choc eût été suivi des plus funestes conséquences. Pour prévenir les accidents, je fis placer de chaque côté des défenses de cuir.

L'apparence montueuse des terres du nord n'offrait point le caractère de celles que nous cherchions, et diminuait beaucoup l'espoir qu'avait nourri Maufelly, de trouver. de ce côté un portage conduisant au Thlew-ee-Choh. Nous courûmes donc à l'ouest ; et, après avoir ramé pendant quinze ou vingt milles, sans découvrir le plus léger indice de collines de sable, nous gravîmes sur une hauteur pour examiner le pays, et là, après beaucoup d'incertitudes, l'Indien, que j'encourageais de tout mon pouvoir, crut devoir porter au sud-est. Arrivant à une autre pointe, il nous fit porter de nouveau vers l'ouest, au travers d'une sorte de détroit où nous trouvâmes une île, formée d'un monticule conique, d'environ deux cents pieds de haut. Il y avait un peu de sable autour du sommet, et, comme je l'appris par la suite, elle était désignée sous le nom de Sand-Hill (colline de sable).

Du sommet, nous aperçûmes avec surprise un autre lac immense, offrant au sud-ouest un horizon dégagé ; on y distinguait de grandes îles et des baies nombreuses de dix à quinze milles de profondeur. Jusqu'à quelle distance s'étendait-il, c'est ce qu'il n'était pas facile de deviner; ses limites apparentes, du côté opposé à nous, étaient vaguement marquées par des lignes étroites et sombres, que l'Indien m'assurait n'être que des îles. En continuant d'avancer, nous passâmes par l'extrémité supérieure du détroit; le courant s'y dirigeait vers le sud. Après avoir changé notre route d'un demi-tour de boussole, nous dépassâmes une large ouverture à droite, et nous nous dirigeâmes à l'ouest.

Les incertitudes de Maufelly m'apprenaient qu'il fallait m'abstenir de toute observation sur le temps que nous perdions à visiter les baies, pour y chercher des ouvertures qu'il n'avait jamais vues, mais dont il persistait à soutenir l'existence. Je savais que la moindre opposition de ma part ne réussirait qu'à le mettre de mauvaise humeur, et pourrait même lui faire renoncer à toute coopération. Je le laissai donc suivre ses idées, me confiant à cet instinct naturel qui guide un Indien à travers les forêts les plus sombres et les plus épaisses. — Ce que nous apercevions alors, au sud et à l'ouest, pouvait bien recevoir le nom de mer intérieure, car, à l'exception de quelques points noirs, çà et là, la vue se terminait par un horizon de ciel et d'eau, dorés alors par les brillants rayons du soleil couchant.

En portant plus au nord, nous longeâmes quelques îles nues et pittoresques formées en apparence de gneiss; c'étaient des roches arrondies, avec peu ou même point de végétation, qui, à partir des bords de l'eau, s'élevaient brusquement à quatre-vingt ou à cent vingt pieds. Près du lieu où nous campâmes il s'en dressait une beaucoup plus haute, avec de grands blocs détachés distribués sur les angles obtus de son contour irrégulier; leur aspect donnait au paysage une ressemblance parfaite avec celui des environs du fort de l'Entreprise.

La pente du continent, recouverte de mousse, et les rochers isolés, formaient un contraste agréable avec les faces abruptes des îles avoisinantes. La berge sur laquelle notre tente fut dressée était composée d'un gravier luisant, formé de petits fragments arrondis de *micaschiste*, de quartz avec des cristaux brillants de mica, et enfin de feldspath rouge et gris. Quelques oies, une mouette et plusieurs loons se montraient en différents points. Les moustiques nous assaillaient de toutes parts et nous empêchaient de goûter le repos; mais lorsque l'air frais de la nuit les eut engourdies, je m'abandonnai à la contemplation, profondément impressionné du silence qui régnait sur toute cette scène. On n'apercevait aucun être vivant, nul son ne frapppait l'oreille; l'air parfaitement calme, et les eaux du lac immobiles, permettaient à l'imagination de s'égarer, et lui laissaient douter si la nature n'était point tombée dans une sorte d'extase.

Notre petit canot fut remis à flot à quatre heures avant midi le 27 août. L'air frais du matin excita l'ardeur de l'équipage, qui imprima à l'embarcation une vitesse extraordinaire. Après avoir traversé plusieurs baies profondes et doublé plusieurs pointes, nous eûmes enfin la joie de voir des collines de sable que Maufelly crut reconnaître. Il monta à deux reprises sur les hauteurs voisines pour découvrir quelque objet qui pût lever ses doutes. La seconde fois il revint d'un pas leste, la tête haute, l'air triomphant; et, plein d'une nouvelle confiance, il nous conduisit à une baie d'où il assurait que nous pourrions nous rendre à la rivière Thlewee-Choh. En débarquant il se tourna vers l'interprète, et, lui montrant les sentiers battus par les daims, il dit avec un sourire : « Mon vieux père aimait à se rappeler les exploits qu'il avait accomplis ici; quoique bien enfant lorsque je l'accompagnais, j'en ai conservé la mémoire; ces lieux me sont familiers. »

Les deux grands lacs que nous avions traversés étaient séparés par le détroit de Sand-Hill (colline de sable); en considérant le premier comme s'étendant, à partir de ce détroit, jusqu'au plus voisin goulet au sud, on pouvait lui assigner, en ligne droite, une longueur de vingt-neuf milles; sa largeur, de l'est à l'ouest, pouvait être estimée à près de trente milles. J'ai nommé ce lac *Clinton-Colden*, pour témoigner mon respect envers ces personnages.

Le second lac, ou le lac septentrional, présente, d'après les rapports unanimes des Indiens, une étendue d'environ soixante milles vers le nord-ouest, et une largeur comprise entre vingt et trente milles. La côte orientale est découpée par des baies dont on ne connaît pas les limites; de tous les autres côtés on apercevait un horizon étendu. Cette belle nappe d'eau reçut le nom de lac Aylmer, en l'honneur du gouverneur-général du Canada.

Pendant qu'on mettait le canot au sec, entre deux petites buttes, nous vîmes un daim arriver sur nous à toute jambes, l'Indien et De Charloît partirent au même instant, pour lui couper le chemin. Le dernier, plus adroit que son concurrent, se cacha derrière une roche, et saisissant l'occasion favorable, tua l'animal d'un seul coup. — Après un repas fait à la hâte, j'envoyai Maufelly et trois hommes pour chercher soit la rivière, soit le lac où on supposait qu'elle prenait sa source. Ils emportèrent pour trois jours de vivres. Dans le cas où l'Indien retomberait dans ses incertitudes, le brigadier et le timonier devaient se diriger droit au nord, pendant que l'Indien et l'interprète se porteraient vers le nord-ouest, direction qui, dans mes idées, devait les conduire vers l'objet de nos recherches.

Les observations que je fis en ce lieu me donnèrent 64° 24′ 13″ de latitude nord; 108° 28′ 53″ de longitude à l'ouest de Greenwich (110° 49′ 17″ de Paris); et 36°, 36′ de déclinaison orient (1). Au coucher du soleil, des nuages noirs, formés dans l'ouest, s'étendirent rapidement sur nos têtes, et menacèrent de rompre le long calme dont nous avions joui

(1) Pour l'inclinaison, voyez l'Appendix.

dans notre traversée sur les lacs. En effet, la tempête avait déjà éclaté avant que j'eusse eu le temps d'arriver à la tente, et l'aurait emportée si je ne l'eusse assurée par des pieux.

Le canot, entraîné dans un tourbillon, et roulé sens dessus dessous, ne s'arrêta qu'à un rocher qui se trouva fort à propos sur son passage. Les apprêts de cuisine de Malley furent balayés à droite et à gauche; mes sextants et mes instruments, dispersés autour de la tente, me rappelèrent les accidents irréparables qu'éprouva Hearne dans une occasion semblable; je parvins heureusement à les sauver, en les couvrant de mon manteau et les tenant appuyés contre la tente jusqu'à ce que la bourrasque eut passé.

Le 28 août.—Je parcourus une chaîne de hauteurs sablonneuses, armé de ma lunette, mais je ne découvris aucun de nos hommes. Le pays était formé de collines doucement ondulées, recouvertes de gros fragments de roc, et de graviers grossiers, où quelques bouleaux nains trouvaient à peine de quoi se nourrir; on y distinguait encore divers arbustes (arbre à thé, crow et cranberry); aucun d'eux ne portait de fruit. Dans les parties marécageuses, au bas des vallées, on rencontrait çà et là d'autres arbustes à baies (Whortleberries); mais aussi sans fruits.

Une chaîne de collines de sable entourait les deux tiers d'un petit lac, dont une jolie île de roches occupait le centre; elle venait de l'est; en quelques endroits, après une élévation graduelle, elle présentait différents sommets subitement terminés par des escarpements abruptes, et continuait ainsi jusqu'à deux milles de notre campement. Là, elle était coupée par un cours d'eau étroit qui coulait du lac. Le terrain montait ensuite en talus de manière à continuer la chaîne. Une langue de sable blanc où se montrait l'arbuste nommé *Sac-à-Commis*, avançait vers le sud, et avec les hauteurs que nous occupions achevait de ceindre la baie, dont les eaux se vidaient dans le nord-ouest par un chenal étroit. Au nord et à l'ouest, étaient d'autres collines séparées de la chaîne, tapissées de mousse de roche sur leurs pentes, mais terminées par des cônes de sable, arrondis, hauts de cent cinquante à cinq ou six cents pieds; leurs flancs étaient sillonnés de ravins et de lits de torrents actuellement à sec; j'aperçus dans un de ces creux un bœuf musqué qui cherchait à s'enfuir. Des troupes nombreuses de daims devaient avoir aussi fréquenté cet endroit, à en juger par le sol qui était battu sur une étendue de plusieurs milles.

29 août. — Je commençais à devenir inquiet sur le sort de mes hommes; je pris donc mon fusil et je m'avançai au N.-N.-O. Après avoir passé une petite nappe d'eau, entre le ruisseau dont j'ai déjà parlé et le lac Aylmer, je gravis une colline du sommet de laquelle je distinguai, avec une inexprimable satisfaction, un rapide évidemment lié avec le cours d'eau qui s'échappait du lac par le chenal étroit. Je m'empressai de reconnaître la direction de son cours; je traversai à gué les eaux marécageuses des sources;

je passai encore deux petits ruisseaux dont les flots agités couraient au nord et formaient un rapide; là il me vint subitement à l'esprit que c'étaient peut-être des tributaires nourriciers du Thlew-ee-Choh; cédant à cette délicieuse émotion dont se trouvent saisis ceux qui font des découvertes, au moment où s'ouvre à leurs yeux un champ d'investigations jusqu'alors inconnu, je me jetai la face contre la rive et je bus à longs traits dans le cournat limpide des ruisseaux.

D'une hauteur située à un mille plus loin on pouvait facilement suivre le cours du ruisseau dans un espace ouvert qui, en se resserrant, inclinait vers le nord. L'aspect du pays, joint à la présence de deux pluviers tout-à-fait semblables au pluvier bruyant du Fort-Entreprise (charadrius vociferus), me convainquit que j'étais sur une partie des hautes terres qui s'étendent depuis la rivière Mines de Cuivre.

Toutefois, de mes quatre hommes, pas un ne paraissait encore. Je tirai sur un orignal, espérant que l'épaisse fumée de ce coup de feu leur ferait connaître ma position, et je retournai au camp; je vis sur mon chemin un loup blanc qui suivait la piste d'un daim. Presque aussitôt une fumée s'élevant derrière les collines de sable m'annonça l'approche des hommes. Une heure ne s'était pas écoulée que l'Indien arriva, suivi de près par les autres. De Charloît succombait sous le poids de la tête et des cornes d'un bœuf musqué, pendant que ses camarades s'étaient plus utilement chargés du corps d'un beau daim bien gras.

Ils avaient rencontré la rivière le second jour, et l'avaient jugée assez grande pour porter bateau. En revenant le long de ses bords par un large lac et par deux cours d'eau ses tributaires, aussi considérables que la rivière, ils avaient reconnu que tous ces cours d'eau communiquaient et n'en formaient réellement qu'un seul. J'en avais découvert, par hasard, la source près de nous, dans le lac entouré de collines auquel je donnai alors le nom de

Lac Sussex, d'après le royal protecteur de l'expédition.

Je tenais en réserve depuis long-temps un petit coup de grog pour cette occasion, et je le distribuai à mes hommes avec un plaisir d'autant plus vif qu'ils venaient de trouver la justification de mes anciennes opinions théoriques et de celles du docteur Richardson, sur l'existence du Thlew-ee-Choh.

CHAPITRE V.

DIGRESSION SUR LA ROUTE DE HEARNE,

PAR LE DOCTEUR RICHARDSON.

La route suivie par le célèbre Hearne, dans son voyage à la mer Polaire, traverse la contrée qui vient d'être décrite. Je crois donc faire un véritable plaisir à tous ceux qui s'intéressent aux progrès des sciences géographiques, en interrompant ici le cours de mon itinéraire, pour donner place à quelques observations du docteur Richardson.

« Le voyage aventureux de Hearne excita en son temps un immense intérêt dans le public et fera toujours époque dans les annales des découvertes au nord, car c'est à lui que l'on doit les premiers renseignements authentiques sur la mer Polaire qui baigne les côtes de l'Amérique septentrionale. Il détruisit aussi les récits vagues et nombreux d'après lesquels la mer Atlantique et la mer Pacifique auraient été réunies par des détroits, sous des latitudes moins élevées que celle où Hearne parvint.

« La latitude assignée par ce voyageur à l'embouchure de la rivière Mines de Cuivre (Copper Mine), se trouvait si contraire aux opinions depuis long-temps émises par les partisans du passage au N.-O., que Dalrymple fut conduit à examiner les gisements et les distances dans le journal du voyage; et il trouva de si grandes difficultés, pour faire accorder la route au Nord et le retour dans le Sud, qu'il rejeta absolument les plus hautes latitudes, ou du moins les réduisit considérablement; en quoi faisant, il avait raison, bien que Hearne ait crié à l'injustice dans la préface de son voyage. Toutefois en considérant : les souffrances que Hearne eut à endurer; les circonstances difficiles où il se trouva fréquemment placé; l'insuffisance radicale, surtout pendant l'hiver, du vieux et embarrassant quart de cercle d'Elton, son unique instrument pour observer les latitudes dans une contrée où le soleil s'élève peu au-dessus de l'horizon, et où les réfractions sont bien plus fortes que ne le supposaient alors les meilleurs observateurs; l'impossibilité absolue d'estimer les longitudes autrement que par l'estime; la difficulté d'apprécier exactement les distances et la direction de la route, en suivant une tribu indienne dans sa marche tortueuse, par les bois et les montagnes; en considérant, dis-je, toutes ces causes d'erreur indépendantes du voyageur, on ne serait point tenté de prendre un langage sévère, à la vue des résultats fournis par Hearne. Au contraire, on lui accorderait une plus grande confiance si on le voyait reconnaître lui-même l'incertitude de ses positions géographiques pour les lieux très éloignés de Churchill.

« Malheureusement, Hearne n'a point pensé ainsi : en publiant son voyage vingt ans après l'avoir fait, il essaie d'établir l'exactitude de ses latitudes par une foule d'assertions sans fondement, dont il suffira d'énoncer une seule ici. « Le 21 juillet, dit-il, à l'embouchure de la « rivière Mines de Cuivre la déclinaison du « soleil n'était que de 21°; cependant à minuit « l'astre paraissait à une certaine hauteur au-« dessus de l'horizon. » Or, sir J. Franklin, campé au même endroit le 19 du même mois, vit le soleil se coucher à onze heures et demie, temps vrai. — Dalrymple, ayant remarqué l'erreur que Hearne avait commise, après son voyage, sur la position de Cumberland-House, en vint à mettre en question l'exactitude de l'ensemble. Hearne répondit à cette conclusion en abandonnant ses longitudes qui n'avaient pu être corrigées par les observations, mais il continua à conserver ses latitudes comme bonnes. Nous verrons cependant que celles-ci sont encore plus erronées que les longitudes; les observations, si tant est qu'il y en ait eu, ont donné un cruel mécompte à notre voyageur.

«Cependant on se méprendrait grandement sur le but de mes observations si on concluait de son entêtement de mauvaise foi, que Hearne n'a point accompli son voyage, et qu'il faut lui refuser toute confiance. Nous eûmes occasion, dans la première expédition de sir John Franklin, de causer avec plusieurs vieillards de la tribu d'Indiens Cuivre que Hearne dit avoir rencontrée à Congecathewachaga. Or, la tradition des principales aventures de son voyage se perpétue parmi eux ainsi que chez les Indiens du Nord; en outre, d'après toutes les notes que nous avons pu recueillir dans la contrée où se fait la traite des pelleteries, d'après un examen scrupuleux de toute sa narration, nous avons conclu en toute assurance qu'il avait en effet visité les lieux divers marqués sur la carte et dans l'ordre où il les a indiqués; que toutes les rivières et tous les lacs qu'il nomme existent réellement; qu'il a bien décrit les traits principaux de la contrée parcourue; sa description de la partie inférieure de la rivière Mines de Cuivre en particulier est évidemment d'un homme qui a visité les lieux.

« Hearne avait tenu un journal fort peu étendu ; mais il était favorisé d'une excellente mémoire, faculté dont paraissent jouir tous les résidents des contrées où se fait la traite des pelleteries. A l'aide de ses nombreux souvenirs et avec la coopération du docteur Douglass, éditeur de son ouvrage, il a pu donner des détails fort exacts et fort précieux sur les habitudes des divers animaux qu'il connaissait. Il n'a cependant pas inséré, dans son journal imprimé, les routes et les distances avec autant de détails que dans son journal original dont nous avons vu une copie à la baie d'Hudson. Les préoccupations causées par les critiques de Dalrymple l'auront apparemment induit à laisser plusieurs lacunes importantes dans le récit de son chemin journalier, soit en allant soit en revenant.

« Il est assez important pour le tracé géographique du pays d'obtenir la vraie route suivie par Hearne, nonobstant les difficultés qu'apportent dans un pareil travail les causes que nous avons énumérées plus haut. Sir J. Franklin, dans son premier voyage, fournit quelques données qui corrigent une portion de la route; et les recherches du capitaine Back nous permettent actuellement d'y ajouter d'autres corrections.

« Sir J. Franklin nous donne les positions exactes de l'embouchure de la rivière Mines de Cuivre, de Congecathewachaga, du lac Point de l'embouchure de la rivière de l'Esclave; avec ce secours nous déterminons aisément la partie occidentale de la route de Hearne, dont le tableau suivant montre les principales erreurs. (*Les longit. sont de Greenwich.*)

Rivière Mines de Cuivre.		Congecathewachaga.	
lat.	long.	lat.	long.
Hearne... 71°—55'	120°—30'	68°—46'	118°—15'
Franklin. 67°—48'	115°—37'	66°—14'	111°—46'
4°—17'	4°—53'	2°—32'	6°—49'

Lac-Point.		Rivière de l'Esclave.	
lat.	long.	lat.	long.
Hearne... 65°—45'	119°—00'	60°—48'	123°—55'
Franklin. 65°—00'	112°—16'	61°—30'	113°—24'
0°—45'	6°—44'	0°—42'	10°—31'

On reconnaît au premier coup-d'œil que les latitudes de Hearne sont, dans le nord, trop fortes de plus de quatre degrés, et, dans le sud, trop faibles de près de trois quarts de degré. Il y a aussi de grandes différences dans les gisements, car la rivière de l'Esclave est placée actuellement par deux degrés à l'est de la rivière Mines de Cuivre, et non pas à l'ouest comme dans la carte de Hearne. Cette différence paraît provenir de ce qu'il ne tenait pas compte de la déclinaison de l'aiguille, qui cependant, à l'époque de son voyage, devait être orientale d'environ deux quarts à l'embouchure de la rivière Mines de Cuivre. Pour avoir les positions relatives de ce dernier point et de Congecathewachaga, il faut corriger de la déclinaison les gisements de Hearne et diminuer ses distances de moitié. Il faut aussi faire une forte correction, moins considérable toutefois que la précédente, à la longueur de toutes ses marches pendant son expédition. Quand il voyageait pendant l'hiver avec les Indiens, leurs femmes et leurs enfants, et qu'il fallait chasser pour se procurer la nourriture, il estimait les distances parcourues chaque jour à dix, quatorze et même vingt milles. Or, nos excursions avec les Indiens en de semblables circonstances nous ont appris que, dans un jour, ils se déplaçaient rarement de plus de six milles, se bornant plus souvent à quatre, et ne dépassant presque jamais huit, non compris les détours de la route. La faculté d'estimer, en marchant, les distances parcourues ne peut être acquise que par une longue pratique et lorsqu'on a eu long-temps la possibilité de corriger sa route journalière par le secours des observations astronomiques; encore faut-il faire la part de la nature du pays et des obstacles qui s'opposent à la marche. Mais, comme nous l'avons vu, Hearne était complètement dénué de tout moyen de correction; il a donc transporté sur toute l'étendue de sa route l'erreur dont a pu être affectée la notion qu'il avait de la longueur du mille en commençant son expédition.—Dans la correction de sa carte il faut diminuer la grandeur des lacs au moins dans le même rapport que les distances.—Fondés sur ces principes, nous avons essayé de déterminer les positions suivantes d'après sa route de retour.

» Il paraît avoir atteint pour la première fois la rivière Mines de Cuivre aux rapides Sandstone de Franklin ; de là il en a suivi le cours jusqu'à la Chute Sanglante (bloody fall) dont, contrairement à son habitude, il estime la distance à la côte moindre qu'elle n'est réellement; nous sommes portés à conclure de ce fait qu'il ne descendit pas jusqu'à la mer, mais qu'il se contenta de l'apercevoir du haut de la colline qui domine la chute. Il n'est guère probable en effet qu'il ait pu décider les Indiens, sur qui il avait peu d'empire, à l'accompagner dans sa reconnaissance. Pour ceux-ci, le but de cette longue et pénible excursion était accompli; ils avaient massacré les Esquimaux ! D'ailleurs si Hearne eût descendu jusqu'à l'embouchure de la rivière, aurait-il fait mention des marques d'une marée de quatorze pieds?

» Le lac du Bœuf-Musqué, ou du Bison, où il passa à l'allée et au retour, doit conserver seulement le premier nom, car il n'est point fréquenté par les bisons. Le lac Cogead est le Cont-woy-to ou Lac-Rum de Franklin; et ses eaux, d'après les renseignements que le capitaine Back a obtenus des Indiens, coulent par le Congecathewachaga dans le Thlew-ee-Choh; en ce cas, l'Anatessy, ou la rivière Cree de Franklin, doit être considérée, en raison de son étendue, comme la branche principale du Thlew-ee-Choh. La vraie distance de Congecathewachaga au lac Point est de 78 milles, quoique la carte de Hearne en donne 150.

» Nous fûmes quelque temps à douter si le lac Point de Franklin était bien celui que Hearne avait ainsi nommé, mais nous sommes maintenant fixés à cet égard : nous avons trouvé sur ses bords les petits bois chétifs que Hearne rapporte y avoir vus; et qui probablement ne se trouvent sur aucun des autres lacs par une latitude aussi élevée et par une longitude aussi orientale. — Thaye-Chuck-Gyed, ou le grand lac Whitestone, est à peu de distance au nord-ouest du lac Point, et ses eaux se déchargent probablement dans le bras de ce lac que l'expédition de Franklin traversa le 23 septembre 1821. — Le lac Sans-Nom (No-Name) est évidemment le lac Providence de Franklin.

» Hearne traversa le lac de l'Esclave par la route ordinaire des Indiens, passant des îles du Renne à la pointe Pierreuse (Stony-Point), et de là la Rivière-à-Jean, branche de la rivière de l'Esclave; mais en cet endroit sa carte est inexacte et ne s'accorde pas avec le texte.

» Un des lieux dont il est à désirer que la position soit bien fixée, est le Thelew-ey-aze-Yeth ou Little-Fish-Hill (petite colline du Poisson); or nous pouvons nous aider pour cela de la connaissance de trois points déjà déterminés, savoir : l'embouchure de la rivière de l'Esclave, la lisière des bois vers le nord, et le fort Churchill. Dans la partie orientale du grand lac de l'Ours, la limite septentrionale des bois se rapproche considérablement du sud, puis elle court à l'est, en passant au fort Entreprise, par 64° $\frac{1}{2}$ de latitude, et près du lac de l'Artillerie par 63° $\frac{1}{4}$; elle continue, à peu près dans la même direction, jusqu'au voisinage de la baie d'Hudson; Hearne la place à 63° $\frac{1}{4}$ par la longitude qu'il assigne à Thelew-ey-aze-Yeth; nous ne serons guère éloignés de la vérité en la mettant, par cette même longitude, à 63° $\frac{1}{4}$. Maintenant si nous réduisons à 80 ou 90 milles la distance de 150 milles dont, suivant notre voyageur, le Thelew-ey-aze-Yeth est au sud des terres stériles, et que nous introduisions dans la réduction de sa route 27° de déclinaison, nous obtiendrons 61° 55′ pour la latitude de ce lieu, qui se trouvera ainsi à 40 milles au nord de la position qu'il occupe sur la carte de Hearne (1).—Par une ré-

---

(1) Comme cette réduction s'applique seulement à l'une des bran-

duction proportionnelle des distances, 1° entre la rivière de l'Esclave et Thelew-ey-aze-Yeth; 2° entre Churchill et Thlew-ey-aze-Yeth, nous trouvons pour la longitude de ce dernier point, 106° Gr. (ou 108° 20′ 24″ de Paris); il est fort important d'avoir exactement cette position, car c'est là que se réunissent les trois branches de la route de Hearne. S'il est vrai que nous l'ayons maintenant établie avec assez de précision, nous pouvons en conclure que ce voyageur a passé sur le lac de l'Artillerie, ou du moins tout auprès, en allant au nord ; c'est probablement son Peeshew ou lac Cat. Le cours d'eau qu'il nomme Thelew-ee-Choh et qu'il a traversé à environ moitié chemin du lac Cat à Congecathewa-chaga, n'est certainement pas la branche de cette rivière qui prend sa source dans le lac Sussex, mais un cours d'eau qui vient du nord et afflue très probablement dans la branche Ana-tessy.

ches de la route de Hearne, il serait mieux pour le moment de conserver à ce lieu la latitude de Hearne 60° 15′ nord.

» Il serait intéressant de connaître le cours du Thelew-cy-Aze ou Little Fish River (petite rivière du Poisson); mais la carte de Hearne ne peut fournir de renseignement positif sur l'embouchure. — Si, dans sa première excursion, il estimait les distances sur la même échelle que dans les excursions suivantes, ce qui est probable, quoiqu'il fût alors muni d'un meilleur instrument, la chaîne des lacs qu'il a portée au nord jusqu'au parallèle de l'ouverture Chesterfield (Inlet), ne devrait pas aller beaucoup au-delà de celui de la baie Knap, et cette région ne peut être considérée comme connue, au-dessus du parallèle de ce dernier point. Suivant Hearne, la petite rivière du Poisson n'est pas très loin de la baie d'Hudson; elle a trois quarts de mille de largeur, ce qui, d'après nos réductions, doit valoir environ cinq cent soixante-dix yards (521 mètres); toutefois il n'est guère probable que ce cours d'eau appartienne à l'autre rivière éloignée dans l'ouest que nous connaissons sous ce nom. Si celle-ci se déchargeait dans l'ouverture Chesterfield, elle pourrait peut-être offrir, pour se rendre au grand lac de l'Esclave, une route avantageuse; elle prend sa source non loin du lac des Collines (Hills-Lake); les coureurs de bois s'y rendent en quatre jours de l'établissement du Fond-du-Lac; ils la connaissent sous le nom français de Rivière-Noire ou sous celui de Thlewndiaza.

» Pour terminer, nous remarquerons que les noms donnés par Hearne aux différents lacs qu'il a vus, dérivent soit du langage cree, soit de celui des Indiens du Nord; la manière dont il les écrit dans le second cas, diffère de celle qui nous paraît le mieux adaptée à la prononciation des Indiens Cuivrés. Il emploie pour *lac*, le mot *whoie*, qui est écrit *to* dans la relation du capitaine Franklin; et pour l'épithète *grand*, il met *chuck*, tandis que nous avons toujours entendu le son *cho* ou *choh*. — Il y a aussi dans son ouvrage quelques erreurs de nom évidentes; et le nom anglais est souvent employé dans le texte, tandis que la carte ne donne que le nom indien, *et vice versâ*. Voici une des erreurs provenant de cette négligence : à la page 102, le lac Peeshew est supposé le même que le lac Partridge (Perdrix); or *Peeshew* est le mot cree employé pour désigner un lynx ou un chat (lynx or cat) : on trouve en effet sur la carte de Hearne le lac Catt, que nous supposons être le même que le lac de l'Artillerie du capitaine Back. — Le lac Thoy-noy-Kyed, assez correctement tracé sur la carte originale, et indiqué comme se déchargeant dans le grand lac de l'Esclave, représente les lacs Aylmer et Clinton-Colden du capitaine Back. Thâ-nâ-Koie, comme celui-ci l'écrit, signifie mont de Sand-Hill, et tel est aussi le nom donné à l'intervalle étroit qui sépare les deux lacs; Hearne le place un degré et demi trop nord et sept degrés et demi trop ouest. »

CHAPITRE VI.

Suite de notre voyage. — Rochers sur le Thlew-ee-Choh.—Ile d'un aspect particulier.—Lac du Bœuf Musqué.—Conjecture sur le cours du Thlew-ee-Choh.—La rivière Glacée. —Nous rencontrons deux Indiens. — Je permets à Maufelly d'aller visiter sa femme. —Habileté consommée de De Charloit.— Pins nains.—Conte du rat et du castor.—Les arbres sont impropres à fournir des planches.—Lac de l'Artillerie. — Force des rapides.—Accident à un passage. —Nous quittons le Ah-hel-Dessy.—Ours tué ; conte ridicule.—Nous reprenons notre marche.—Nous tuons un daim.—Anecdote sur sir John Franklin.—Réunion avec M. Mac-Leod.

---

30 août. — Des rafales et une forte pluie dominèrent pendant la plus grande partie de la nuit, et la matinée fut si brumeuse et si froide, que l'on ne put s'occuper de réparer le canot, beaucoup plus endommagé que je ne l'avais supposé. Trois ou quatre cents daims s'avancèrent à une demi-portée de fusil, mais ils disparurent aussitôt en reconnaissant le danger. Immédiatement après, nous vîmes passer, à côté de nous,

un vol d'oies qui se dirigeait vers le sud, circonstance que Maufelly regarda comme un indice du changement de saison.

Vers midi le temps s'éclaircit, le canot fut réparé, et après avoir construit une cache où nous mîmes en sûreté nos bagages de réserve, nous commençâmes à nous diriger vers la rivière. Le portage depuis le lac Aylmer n'est que d'un mille, et l'on rencontre dans ce trajet la petite nappe d'eau dont j'ai déjà parlé. La hauteur réelle de la langue de terre qui forme la séparation ne dépasse pas deux pieds. Nous suivîmes exactement ma route du jour précédent, et nous arrivâmes bientôt à un autre lac, à l'extrémité nord-est duquel les collines de sable baignent leurs pieds dans les eaux. Un rapide tortueux, semé d'énormes pierres, nous présenta de si grandes difficultés que nous ne pûmes camper qu'à neuf heures après midi; nous vîmes paraître des daims, et nous trouvâmes des poissons appartenant à l'espèce des ombres (grayling). Le pays devenait de plus en plus entrecoupé de collines dont quelques unes présentaient de faibles masses de rochers, tandis que des débris jetés avec profusion sur toute la surface des vallées formaient le lit d'une multitude d'étangs et de cours d'eau maintenant à sec. Une masse de roches plus compactes avait percé le sol près de la rivière; elle ne s'étendait pas au-delà de trente yards vers l'est, et se terminait en crêtes de douze pieds de hauteur. Ces rochers, les premiers que nous eussions vu sur le Thlew-ee-Choh, étaient en grande partie de gneiss.

Le thermomètre marquait 33° (0°,5. C.) le 31 août, à quatre heures avant midi, au moment de notre départ. Nous suivîmes un petit lac jusqu'au point où il se résoud en un rapide tellement resserré par d'immenses blocs détachés, que notre canot, tout petit qu'il fût, ne put passer qu'après avoir été soulevé, quoique si un homme fût venu à glisser il y eût assez d'eau en plusieurs endroits pour l'engloutir. Le rude service qu'avait fait notre embarcation et les nuits froides, l'avaient mis dans un tel état de délabrement, que la simple action des avirons lui était nuisible, et que nous perdîmes le tiers d'une journée à l'étancher des voies d'eau.

Le torrent s'élargit de nouveau de manière à présenter ce que l'on pourrait nommer un lac, et reçut en même temps les eaux de la rivière Glacée (Icy) du côté de l'ouest et celles d'une autre rivière à l'est. Les bords de la première étaient encore enveloppés de glace jusqu'à une grande distance dans la vallée, et le confluent se faisait remarquer par une surface courbe, en forme d'arche surbaissée, jetée d'un côté à l'autre, sous laquelle l'eau s'élançait en un torrent écumeux, avec un bruit sourd et profond. Nous laissâmes derrière nous plusieurs îles; l'une des moins grandes était remarquable par son aspect d'une blancheur extraordinaire, provenant, comme je l'ai reconnu plus tard, de grandes pierres arrondies à peine colorées, qui formaient son contour taillé en forme de cône. Située comme elle l'était, à peu près au milieu d'un large courant et entourée de profondes eaux, il n'était pas facile de deviner à quoi cette disposition particulière devait être attribuée; les pierres, entassées sur une hauteur de vingt pieds, ne présentaient aucune trace de lichen; mais paraissaient au contraire, si ce n'est sur trois ou quatre points, parfaitement lisses, et devaient évidemment leur forme actuelle à un long frottement. Je m'imaginai alors que cet effet avait pu être produit par la pression combinée des glaces et du courant; mais je reconnus, le printemps suivant, que la glace était parfaitement unie tout autour, et que le courant filait moins vite qu'on n'aurait pu le présumer. Je fus conduit à étudier plus particulièrement la formation de cette île conique, par les récits des Indiens qui me parlaient souvent du phénomène d'un rocher ou d'une montagne jetant de la fumée dans une contrée granitique presque dépourvue de bois.

Quant à moi, je dois dire que je ne remarquai aucune apparence volcanique sur toute la longueur de la ligne que nous suivîmes, et il n'est pas impossible que les Indiens ne fussent en erreur à ce sujet; car ayant eu moi-même l'occasion de visiter un point sur lequel quelqu'un de ma troupe avait cru voir une épaisse colonne de fumée s'élever d'un rocher près de Ah-hel-Dessy, je reconnus que cette fumée n'était que la vapeur nuageuse des chutes de Parry.

Un goulet nous conduisit au lac du Bœuf-Musqué, dont la longueur est de six milles, et qui est couronné par des collines médiocrement escarpées, sur lesquelles, à ce que nous dit Maufelly, on trouve, dans certaines saisons, un grand nombre de ces animaux.

A cette époque, ayant atteint une série de rapides que le canot n'aurait pu ni descendre, ni longer par un portage, faible et délabré comme il l'était, je n'eus d'autre choix que le repos, forcé de me contenter de ce que nous avions pu achever. Ce résultat, sans atteindre ce que j'avais espéré, était suffisant pour animer mes compagnons, et accroître l'espoir que nous conservions alors de mettre fin aux longues souffrances de nos compatriotes emprisonnés par les glaces de la mer Polaire.

Les rapides suivent une ligne pleine de détours sur une longueur d'environ quatre milles, et viennent former alors une nappe beaucoup plus large, dont la dernière limite va se perdre au N.-E. dans une chaîne transversale de montagnes. Suivant les Indiens, il y aurait, non loin de là, une grande rivière, issue du Cont-Woy-To, ou lac Rum de Hearne, et qui viendrait se jeter dans le Thlew-ee-Choh. La distance du lac peut être mesurée, disent-ils, par cinq journées de marche d'un bon chasseur; comme ceux-ci marchent sans prendre pour ainsi dire de repos, je regarde cette évaluation comme convenant au lac Rum, quoiqu'il soit difficile d'admettre deux issues, une à chaque bout, courant dans des directions opposées. Les Indiens cependant étaient tous du même avis à ce sujet; et ne voulaient pas admettre l'existence en cet endroit d'un marais ou d'une étroite langue de terre séparant les deux masses d'eau. A dire vrai, ils souriaient à mon opinion, et me répétaient que j'avais traversé moi-même la rivière occidentale, voulant parler du rapide de Bellenger, où mon ami Franklin avait été si près de périr. Mais sans m'arrêter davantage sur ce sujet, qui me laissait toujours des doutes, il me fut alors facile d'observer l'importance du Thlew-ee-Choh, qui était cependant loin d'être en rapport avec la direction de son cours.

Il était évident que la rivière devait s'enrichir, en suivant sa marche, des tributs successifs de toutes les vallées transversales, et devenait probablement un grand et noble cours d'eau; mais cependant la conformation des terres pouvaient le faire dévier de sa course, et peut-être en le suivant devions-nous être conduits dans quelque région peu favorable au but que nous nous proposions; du reste, quelle que fût sa direction, l'aspect de montagnes Bleues dans le lointain nous laissait présager une longue suite de rapides et de chutes.

Les observations donnèrent 64° 40′ 51″ de latitude nord, 108° 08′ 10″ de longitude à l'est de Gr. (110° 28′ 34″ de Paris), et 44° 24′ de déclinaison orientale. Il paraissait donc que nous n'étions qu'à 109 milles au sud de l'extrémité inférieure de l'ouverture Bathurst; et comme les deux Indiens qui avaient déjà descendu le long de la rivière de Thlew-ee-Choh au-dessous du point où nous étions, s'accordaient à dire qu'elle tournait à gauche et se rendait droit au nord, il était possible qu'elle fût identique avec la rivière Back, quoique sa tendance actuelle à courir au N. E. ne fût point favorable à cette hypothèse.

Les Indiens Couteaux-Jaunes parcourent cette contrée au printemps pour tuer les daims au moment où ceux-ci traversent le rapide; mais ils ne sont pas habitués à pousser leurs excursions à plus de deux jours de marche au-delà, de crainte, disent-ils, de rencontrer les

Esquimaux. Comment donc ajouter foi à leurs renseignements sur une rivière qu'ils connaissaient seulement par ouï-dire? Ni eux, ni les Chipewyans ne se souciaient d'étendre leurs connaissances, car ils ne nous offrirent pas de nous accompagner. Nous nous embarquâmes donc le soir pour retourner vers le fort.

En passant la rivière Glacée, je remarquai à son embouchure deux passes formées par une île; la glace n'avait pas souffert d'altération appréciable depuis notre passage. Après des portages effectués, non sans quelques difficultés, au milieu des fragments de roches et des pierres branlantes, nous atteignîmes enfin notre *cache* à la baie Sand-Hill. Les loups n'y avaient point touché, et, sauf un corbeau qui se repaissait d'un morceau de daim de rebut, pas une créature vivante n'animait la contrée.

Le canot réparé, nous côtoyâmes les rives orientales du lac Aylmer, rencontrant parfois des bancs de sable de différentes élévations qui inclinaient vers le sud, tandis qu'au Thlew-ee-Choh ils inclinaient vers le nord.

Aux approches des goulets du lac de Clinton-Colden, le 4 septembre, nous aperçûmes du côté du sud une fumée éloignée; dans la soirée, deux Indiens apparurent sur la pente d'une colline, et, cédant à nos signes, ils se dirigèrent vers le canot. Ils nous apprirent qu'après une dispute survenue entre un Chipewyan et les Indiens Couteaux-Jaunes, leurs compatriotes, le premier avait été tué; mais comme il était orphelin, personne ne songeait à venger sa mort. Ces Indiens ajoutaient que la disette avait été générale chez eux; mais, d'après la fumée qu'ils avaient vu s'élever en ce jour sur les différents points de l'horizon, ils conjecturaient que la chasse avait été heureuse, et ils espéraient pouvoir bientôt nous en offrir une bonne part.

Maufelly me dit alors qu'il supposait son vieux père avec les Indiens de l'ouest, et que, le connaissant trop faible pour chasser, il en était inquiet et désirait lui porter des secours ; « personne, ajouta-t-il, ne veille sur ce pauvre vieillard ; il risque de mourir de faim, car les jeunes gens poursuivent avec ardeur leur chasse, sans égard pour ceux qui restent en arrière. » N'ajoutant pas foi à la possibilité d'un acte aussi barbare, et ayant absolument besoin de ses services à l'extrémité orientale du grand lac l'Esclave, je refusai à Maufelly sa demande, à moins qu'il ne consentît à sacrifier la rémunération de ses services ; j'étais bien persuadé que cette proposition ne lui conviendrait pas. Il leva toute difficulté en déterminant un des Indiens à nous suivre jusqu'à ce que, pouvant me confier à ce substitut, je lui accorderais, à lui, la permission d'aller retrouver son père. En conséquence, nous fîmes place à notre nouveau venu, et, après avoir enlevé le sac de pemmican demeuré dans la *cache*, nous campâmes, au coucher du soleil, près du premier rapide de la petite rivière.

Nous vîmes arriver deux Indiens dont la

mine défaite et le corps amaigri faisaient pitié. Ils appartenaient à la troupe d'Akaitcho qui venait heureusement de trouver dans l'après-midi de quoi apaiser les souffrances cruelles d'une longue disette. Je les reconnus aussitôt. L'un d'eux m'avait même accompagné à la rivière Mines de Cuivre, dans la première expédition de sir John Franklin. Ils ne démentirent point le caractère d'apathie commun à leur race, car ils ne manifestèrent pas, en me revoyant, la moindre marque de satisfaction ou de surprise; ils reçurent leur tabac et le fumèrent aussi froidement que s'il leur eût été donné par quelque employé habitué à traverser le pays dans le cours ordinaire de ses affaires de traite. Leur air silencieux et sérieux subit bientôt cependant un changement extraordinaire quand ils m'eurent entendu prononcer une demi-douzaine d'expressions dont j'avais autrefois coutume de me servir avec eux dans mes excursions. Ils éclatèrent de rire, répétant mes paroles, parlant fort vite entre eux, donnant enfin tous les signes de la plus grande joie. Je les comblai de présents pour mes vieux amis, Akaitcho et son frère Humpy.

Au moment où ils se retiraient, notre interprète vint avec une requête en faveur de Maufelly, qui n'osait la présenter lui-même, de crainte, disait-il, de me faire de la peine. Le brave garçon demandait la permission d'aller voir sa femme, heureusement accouchée d'un garçon en son absence; il promettait sur sa foi d'être de retour le lendemain matin avant que nous eussions terminé nos préparatifs de départ. Il fallait voir les transports de ce bon Indien, lorsque j'eus accédé à sa demande; il sauta dans le canot avec ses compatriotes, entonna diverses chansons, et se mit à pousser des cris de joie à l'imitation des Canadiens.

5 septembre. — Maufelly, fidèle à sa parole, fut de retour à quatre heures avant midi, accompagné d'une de mes anciennes connais-

sances du fort Entreprise, qui, poussé par la curiosité ou attiré par la vue de la fumée, s'était trouvé sur le passage de mon guide.

J'eus en ce jour une nouvelle occasion d'admirer l'habileté consommée de De Charlôit, qui nous lança sur quatre rapides consécutifs, où notre canot délâbré, sans un patron moins capable, eût été mille fois englouti avec tous ceux qu'il portait. On ne saurait imaginer combien cet homme était maître de lui-même, avec quelle précision il guidait sa frêle embarcation sur la ligne étroite et subtile qui séparait les hautes vagues du torrent et le clapotis du remoux. Un pied de plus à droite ou à gauche, et c'était fait de nous. Mais De Charlôit, les yeux fixés sur le fil du courant, en suivait tous les détours avec une aisance parfaite, je dirais même avec grâce et élégance.

Les rapides nous conduisirent à ce lac que nous avions eu précédemment tant de peine à trouver, et que nous avions traversé le 25 août. Notre Indien préféra le bord occidental qui ne différait en rien du bord opposé, excepté en ce que les rochers étaient plus hauts, du reste tout-à-fait nus comme les autres. Nous aperçûmes un groupe d'îles dans le S. S. O. A mesure que nous avancions, les collines s'inclinaient et perdaient de leur roideur : un peu de mousse commençait à les vêtir. Plus au Sud, par 63° 15' de latitude, nous trouvâmes les pins nains, de quatorze pouces à deux pieds de haut. De Charlôit les appelait plaisamment en français *des Petits Vieux*. Chez la plupart le tronc principal était sec et blanchi par le temps, et les rejetons, issus du pied, n'offraient de verdure à leurs extrémités que juste ce qu'il en fallait pour montrer qu'ils n'étaient pas morts. Néanmoins, tels qu'ils se trouvaient, leur vue nous réjouit le cœur, car, depuis le 20 août, nous n'en avions point aperçu de traces, et nous les envisagions avec délices songeant qu'enfin nous allions avoir un bon feu.

Les circonstances et la position modifient

considérablement les conditions du bonheur; et dans le simple passage d'un genre de nourriture à une autre, le *Voyageur* éprouve un aussi vif sentiment de jouissance, une aussi profonde reconnaissance envers le Créateur que les mortels les plus favorisés au milieu des raffinements du luxe et de la bonne chère.

La rive orientale, quoique obscurcie par un brouillard bleuâtre et bruineux, s'apercevait par intervalles; elle se boisait et paraissait de plus en plus habitable. Quand nous eûmes atteint un monticule allongé et arrondi, à environ un demi-mille de la côte occidentale, je remarquai chez mes deux Indiens l'expression d'un sentiment de terreur superstitieuse; ils gardaient le plus profond silence. Leur ayant demandé la raison de cette tenue pleine de consternation, Maufelly, après quelque hésitation, nous dit fort gravement que la petite île près de laquelle nous passions, s'appelait la cabane du Rat, d'après un énorme rat musqué qui l'habitait autrefois, « et ce que vous voyez là-bas, ajouta-t-il en désignant un rocher à sommet conique sur le bord opposé, c'est la cabane du Castor; nous serons bien heureux si nous ne recevons bientôt la visite d'une bourrasque ou d'un autre événement plus funeste. Quoique le chef puisse se moquer de l'histoire que racontent nos vieillards sur ces deux animaux, je vais la redire. »

Il prit alors un ton solennel, une attitude grave, et entama le récit d'une de ces fables traditionnelles qui circulent parmi les Indiens et qui peuvent servir à mettre au jour leur caractère. Sous ce rapport, le lecteur y trouvera peut-être quelque intérêt; en voici la substance:

« Dans cette cabane, dit l'Indien, résidait jadis un castor aussi grand qu'un bison; il commettait de grands ravages, tantôt seul, tantôt en compagnie du rat son voisin qu'il avait su associer à sa fortune. Les tribus des environs ayant beaucoup à souffrir des excursions de ces deux maraudeurs, se lassèrent à la fin, et, d'un commun accord, résolurent de s'en débarrasser. En conséquence, elles tinrent conseil, et disposèrent une attaque combinée.

» Cependant leurs projets parvinrent à la connaissance du castor avisé, qui, à ce qu'il paraît, entretenait des espions dans les quartiers de ses ennemis.

» Les Indiens partirent un matin avant le lever du soleil, et, favorisés d'une brume épaisse répandue sur le lac, s'avancèrent à la rame, sans faire le plus léger bruit qui pût les trahir. Ils parvinrent ainsi sur le rivage où le castor solitaire avait établi sa cabane. Chaque Indien prit position sans souffler un mot, et, armé d'un arc ou d'une lance, se prépara à frapper. L'un d'eux, l'*aigle de sa tribu*, s'avança plus loin que les autres, et se glissa sur la pointe des pieds près d'une caverne creusée dans le rocher; là, plaçant l'oreille contre terre, et retenant sa respiration, il écouta quelques instants, avec une anxiété croissante, jusqu'à ce qu'enfin, d'un mouvement de tête, il donna le signal convenu pour faire savoir que l'ennemi était dans son logis.

» Aussitôt une nuée de flèches obscurcit l'air et vint s'engouffrer dans l'ouverture de la caverne; un houra prolongé la suivit; mais, au moment où il se mourait dans les derniers échos des rives éloignées, le bruit lourd d'un corps pesant qui tombait dans les flots suspendit pour quelques instants les explosions de la joie générale et plongea dans l'étonnement l'armée des agresseurs. C'était le castor qui se sauvait par un passage souterrain dont on ne soupçonnait pas l'existence.

» Le chef se coula dans la caverne pour en explorer l'intérieur, et, après l'avoir examinée, il donna le signal de la reprise des hostilités. La flottille se rangea en croissant, laissant entre chaque canot une intervalle d'une centaine de yards (91 mètres). Les Indiens se disposèrent à cerner la cabane du rat dans l'espoir d'y trouver le castor, et, dans tous les cas, bien décidés à infliger au premier une punition exemplaire, tant pour lui faire porter la peine des péchés de son ami, que pour leur satisfaction particulière; ils s'étaient mis en campagne et ne voulaient point rentrer au logis sans avoir châtié quelqu'un.

» Heureusement pour lui le rat avait pressenti que la fortune de son allié allait changer; il se tenait en observation prêt à l'assister en cas de succès, mais aussi tout prêt à le renier et à le repousser dès la moindre apparence de péril. Lors donc que le castor se présenta pour implorer un asile, le rat lui fit un long discours rempli de protestations d'amitié et de regrets, mais termina par un refus poli, l'engageant à mieux profiter de son temps et à gagner à la nage les roches du sud qui le mettraient à couvert des ennemis.

» Le castor, étourdi d'abord de cet accueil inattendu, recouvra bientôt son courage accoutumé, et, se voyant dans une position désespérée, sauta sur le rat pour se venger. Une lutte à outrance s'engagea entre eux; et la victoire était chaudement disputée, l'avantage égal des deux côtés, lorsque les Indiens, approchant, poussèrent un long cri qui suspendit le combat. Lançant un coup d'œil furieux sur son ennemi, le castor plongea une seconde fois dans le lac; serré de près, il résista avec courage; plusieurs fois il fut sur le point d'échapper; mais l'ardeur des chasseurs était trop excitée, rien ne pouvait la calmer; ils continuèrent leur poursuite jusqu'à l'extrémité du lac; et au-dessous des cataractes et des rapides qui conduisent au lac voisin; l'animal, épuisé, mourut de fatigue au moment où il touchait les roches éloignées de Thal-thel-Leh.

» Mais son esprit, ajouta Maufelly d'une voix basse et craintive, son esprit va errant autour de son ancienne demeure, les eaux lui obéissant encore, et malheur aux Indiens qui osent y confier leurs canots sans offrir une prière à l'ombre de l'animal irrité; la plupart périssent; quelques hommes hardis échappent de temps à autre, mais pas un ne veut courir une seconde fois les dangers de l'aventure. »

. Maufelly récita ce conte bizarre d'un ton si pénétré, qu'on ne pouvait douter de sa bonne foi ; les détails minutieux dans lesquels il entra montraient assez avec quelle religieuse attention il en avait enrichi sa mémoire.

. Une joyeuse flamme de bois égaya notre campement. La nuit fut calme et magnifiquement éclairée par les éclats fugitifs d'une brillante aurore. Mais bientôt les cris de plusieurs centaines d'oies, qui, à une hauteur prodigieuse, s'enfuyaient à tire d'ailes vers le sud, nous annoncèrent l'approche des tempêtes. Rangées suivant leur famille (Grey ou bustard, White, laughing Geese), on les voyait faisant assaut de vitesse, comme épouvantées des horreurs de l'hiver qui les menaçaient ; rien n'annonçait avec plus de certitude le changement de saison. Nous nous félicitâmes d'être si voisins de notre quartier d'hiver.

6 septembre. — Le lac se rétrécissait gra-

duellement ; je remarquai avec peine que les arbres, très chétifs, seraient peu propres à être sciés en planches pour la construction des bateaux dont nous avions besoin. Une baie bordée de bancs de sable sembla, au premier abord, nous en offrir de plus convenables; mais, en les examinant de plus près, nous les trouvâmes noueux, tout en branches, et conséquemment aussi désavantageux que les précédents. C'était cependant un endroit fort recommandé par les Indiens, comme fournissant tous les objets nécessaires à la construction et à l'entretien d'un nouvel établissement. Cet exemple prouve leur jugement défectueux et la nécessité de se méfier de leurs conseils. — Le pays était découvert et d'un aspect menaçant. Les eaux ne nourrissaient pas un seul poisson ; le bois que fournissait le voisinage n'aurait pu être d'aucune utilité pour construire une hutte volante, et n'aurait même pas suffi pour alimenter le feu pendant l'hiver.

Nous gagnâmes bientôt l'extrémité méridionale du lac, qui avait environ quarante milles dans sa longueur, et douze milles dans sa plus grande largeur. Je le nommai lac de l'Artillerie, en l'honneur du corps distingué auquel appartenaient plusieurs hommes de l'équipage, et en reconnaissance du profond intérêt que ses officiers (1) avaient témoigné, tant pour les succès de l'expédition, que pour moi-même.

La rivière, par laquelle ce lac se déchargeait dans le grand lac l'Esclave, commençait à descendre par un rapide de mauvaise apparence, où il paraissait périlleux de s'aventurer, mais qui n'offrait pas assez de dangers pour nous décider à entreprendre un portage. Nous nous risquâmes à faire la moitié de la route par eau, et nous l'achevâmes par un transport à terre.—Au passage d'un second rapide, n'ayant pas calculé assez juste la force surprenante du torrent qui nous semblait de peu d'importance,

---

(1) Col. Godby; capit. Anderson; lieut. Tylden, Craufurd, etc.

notre vieux canot fut entraîné par le remoux dans un tourbillon avec tant de violence, qu'il se fendit presque en deux. — Un autre bouquet de pins m'invita à débarquer, et, pendant que les hommes examinaient la qualité du bois, je fis une série d'observations qui me donnèrent 62°-53′-26″ de latitude N.; 108°-28′-24″ de longitude occidentale de Greenwich; (110°-48′-48″ de Paris); et 38°-42′ de déclinaison orientale. Le bois ne valait guère mieux que celui que nous avions déjà vu dans la matinée.

Nous nous éloignâmes de la côte dans l'intention de ne nous confier au rapide qu'avec la plus grande prudence, car l'air indécis de celui qui tenait le gouvernail témoignait une certaine appréhension dont je ne pouvais me rendre compte. J'appris bientôt que les jours précédents Maufelly s'était mis à jaser sur l'existence des dangers, soit connus, soit inconnus, de la rivière Ah-hel-Dessy. « Les Indiens, disait-il, ne se hasardent jamais à la descendre ni à la remonter ; je ne suis pas pressé de mourir ; je marcherai parmi les rochers de la côte, mais je ne veux pas rester dans le canot. » Cette poltronnerie fut de ma part le sujet de vifs reproches ; mais lui-même en eut honte bientôt, et il en fit des gorges chaudes avec son compagnon pendant que nous glissions sur les flots d'un autre rapide. Mais un troisième, un quatrième rapide survinrent, et l'homme qui tenait la barre perdit la tête, il cessa d'agir de concert avec De Charlôit, et nous jeta contre une roche aiguë qui fendit le canot. Heureusement que celui-ci tourna d'abord sur lui-même et continua à flotter jusqu'à ce que nous eussions atteint le rivage. Les hommes perdirent toute leur confiance en cette aventure, et, plutôt que d'encourir d'autres risques dans les rapides écumeux qui se présentaient devant nous, j'abandonnai une tentative que les Indiens persistaient à déclarer inutile. Notre fidèle canot, maintenant délabré, fut laissé dans une *cache* avec quelques objets, et chaque homme, chargé d'un poids de cent vingt livres, commença à gravir les flancs irréguliers et escarpés des collines. Arrivés au sommet, Maufelly me montra l'endroit où Sanpère (1) s'était arrêté lorsqu'il fut envoyé au Thlew-ee-Choh, ajoutant que cet émissaire infidèle n'avait jamais abandonné la lisière des bois, et, par conséquent, ne s'était pas approché de la rivière à plus de moitié chemin.

Nous marchâmes d'abord assez rapidement au travers des rochers entrecoupés de crevasses. Mais ce rude exercice nous fatigua si cruellement, que le plus vigoureux d'entre nous ne put y tenir long-temps, et ralentit son pas à la vue monotone des obstacles et des embarras qui se multipliaient devant nous. Nous éprouvions beaucoup de difficultés à marcher parallèlement au cours de l'eau, et, reconnaissant qu'il se dirigeait à angle droit vers une chaîne de montagnes située à l'ouest, j'en conclus que nécessairement il s'y détournerait pour en longer

---

(1) Voyez page 85.

la base. Il était donc inutile de fatiguer mon équipage en le conduisant jusque là, puisque, portant en ligne droite sur l'extrémité orientale du lac de l'Esclave, je pouvais diminuer la route à parcourir.

Je quittai donc la rivière Al-hel-Dessy, et je fis bien; car toute la distance qui nous séparait des montagnes présentait une succession continue de rapides où nous nous fussions trouvés considérablement retardés; et, quoiqu'il pût être possible de s'y hasarder dans une grande barque, il était évident qu'avec un canot leur passage était impraticable. Les moustiques et leurs alliés les maringouins avaient disparu depuis quelques jours, et le peu qui bourdonnait encore autour de nous étaient trop engourdis pour nous tourmenter. Mais nous avions à peine eu le temps de savourer ce repos, que notre joie fut détruite par de nouveaux essaims de maringouins que nous retrouvâmes dans toute leur vigueur en nous rapprochant vers le sud. Leurs persécutions, jointes aux fatigues d'une route détestable, nous obligaient à de fréquentes haltes; à l'une d'elles notre Indien, toujours aux aguets, découvrit un ours; saisissant aussitôt son fusil, il s'élança à sa poursuite accompagné de l'infatigable De Charloît.

Un rocher et un vallon favorisaient l'approche des chasseurs; l'ours, posté en vigie, se dressa sur ses pattes de derrière, allongea son museau, et, avec une sorte de dandinement, flaira l'air comme s'il concevait quelque soupçon; mais ses précautions furent vaines, car dix minutes après il était étendu mort au fond du précipice où il tomba en roulant. Maufelly courut immédiatement à quelques saules dont il coupa une branche pour en faire une sorte d'épieu qu'il fourra dans la gueule de l'ours afin de lui tenir les mâchoires écartées : « c'est pour l'empêcher de mordre, me dit-il d'un air très sérieux, car ces animaux ont cette mauvaise habitude. Mon père l'a éprouvé à ses dépens, et il en porte la marque : il croyait avoir tué l'ours et se préparait à le dépecer lorsqu'à

son grand effroi il se sentit la jambe mordue. »
Connaissant l'obstination des Indiens et leur foi robuste pour toutes les fables relatives à la chasse ou aux animaux avec lesquels ils sont familiers, je ne me donnai pas la peine de convaincre celui-ci de son erreur ridicule, et j'écoutai patiemment ses histoires sans faire le moindre commentaire. Mais à la vue du bâillement forcé de l'ours, mon timonier donna un libre cours à sa gaieté; l'Indien choqué lui jeta un regard de fierté où se mêlait un peu de colère, et murmura dans son langage guttural : « L'homme blanc ne riait pas dans le rapide. ». A ces mots il s'assit et se mit à fumer sa pipe pendant que son compagnon dépouillait habilement l'animal dont il plaça la chair dans une *cache*. Je ne pouvais me lasser d'examiner avec quelle curiosité minutieuse l'opérateur inspectait les entrailles, l'empressement avec lequel il jetait par-dessus son épaule les portions de rebut, le soin qu'il mettait à ne pas tourner la tête dans cette direction, et le sourire qui se

peignait sur tous ses traits à mesure qu'il découvrait les baies dont l'estomac de l'ours était rempli. « *C'est leur façon,* » répondit en français, à ma demande, l'interprète qui, malgré son air philosophe, paraissait aussi bien que l'Indien s'intéresser fortement à cette perquisition.—Par une semblable opération j'appris que le renne n'avait pas de vésicule du fiel dans la région du foie ni autre part; j'avoue que j'ignorais complètement ce fait; mais M. King s'en assura plus tard par un examen anatomique.

Nous recommençâmes à marcher, tantôt dans des vallées encombrées de masses confuses de débris de granit, tantôt le long de rebords étroits sur des rochers à pic; au moindre faux pas c'eût été fait de nous, car ces lieux offraient à peu près les mêmes dangers que les passages des Alpes. Dans l'idée que l'Indien pouvait bien nous avoir menés par là pour se venger de la dernière plaisanterie dont il avait fait les frais, je me précipitai en avant afin de lui adresser mes représentations; mais il poursuivait tranquillement son chemin; et quand je gravis le sommet de la montagne, le soleil se couchait, il était temps de camper. « Il ne faut pas laisser coucher le soleil sur sa colère »; aussi je me résignai au silence et j'eus raison, car lorsque Maufelly me montra le lac de l'Artillerie qui s'étendait au loin sur l'horizon et se prolongeait au sud, je fus enchanté qu'il eût choisi, n'importe par quel motif, cette route fatigante. Un pareil spectacle était entièrement nouveau pour moi; je n'avais jamais rien vu dans l'ancien monde qui y ressemblât. Ce n'était, ni la beauté sévère d'une scène des Alpes, ni la variété d'un paysage européen; l'œil errait sans prise sur des lignes infinies de rochers imposants, dont les flancs déchirés offraient des formes extraordinaires qu'il est impossible de décrire. On eût dit une mer en courroux subitement pétrifiée. Sauf la triste verdure de quelques lichens brûlés, rien ne tempérait l'horreur de cette scène; car le feu avait tout ravagé et les cimes sombres et noires des pins de montagne, renversés dans une lugubre confusion, apparaissaient comme les cadavres noircis d'une végétation disparue. C'était un tableau hideux de désastres et d'incendie.

Nous nous mîmes en marche de très grand matin le 7 septembre, chacun de nous était trop occupé à se frayer un passage pour parler. On n'entendit pas mot jusqu'à huit heures; mais alors nous aperçûmes, à trente pas de nous, un daim mâle qui broutait, et que la hauteur de ses andouillers avait trahi.

On le tua; on en fit cuire une cuisse fort grasse qui nous fournit un déjeuner succulent. Le reste fut mis dans une *cache*; après quoi nous reprîmes notre route, et, lorsque nous eûmes gagné le haut d'une colline, nous eûmes devant nous le lac de l'Esclave entouré de hautes montagnes; une chaîne escarpée sur notre droite déterminait le cours du Ah-hel-Dessy; des rochers abruptes et des vallées profondes qui nous séparaient du lac nous firent pressentir les longues fatigues qu'il nous fallait endurer avant d'arriver à notre destination.

Mais comment donner une idée du tourment que nous causaient les maringouins ; soit qu'il nous fallût descendre dans des abîmes où la chaleur nous suffoquait, ou passer à gué les terrains marécageux, ils s'élevaient en nuages et obscurcissaient l'air. Il était aussi difficile de voir que de parler, car des essaims se précipitaient sur toutes les parties du corps non défendues, et les criblaient en un instant de leurs dards empoisonnés. Le sang ruisselait sur nos visages comme si nous eussions eu des sangsues. A la douleur brûlante que nous éprouvions succédait immédiatement une violente inflammation qui nous causait des vertiges à nous rendre presque fous. Toutes les fois que nous nous arrêtions, et nous y étions souvent forcés, mes hommes, même les Indiens, se jetaient le visage contre terre en poussant des gémissements plaintifs et douloureux. Comme mes bras avaient moins souffert, je cherchai à me garantir moi-même en faisant tournoyer un bâton dans chaque main ; mais en dépit de cette précaution, et malgré les gros gants de peau et le voile que j'avais pris, je fus horriblement piqué ; je regardai alors ces piqûres comme plus dangereuses que celles des moustiques.

A ce sujet je me rappelle un mot de Maufelly qui montre l'esprit d'observation de la tribu et qui fait honneur au bon cœur de celui qu'elle concerne ; on me pardonnera, je l'espère, cette digression. Sir John Franklin avait pour habitude de ne jamais tuer une mouche. Celles-ci étaient loin d'observer la même neutralité, et elles le tourmentaient surtout lorsqu'il se livrait à ses observations ; l'excellent homme quittait tranquillement son ouvrage, et ne faisait lâcher prise à ces hôtes incommodes que lorsqu'ils étaient à moitié gorgés. « Le monde est assez grand pour vous et pour moi, disait-il en soufflant dessus. » Akaitcho et les quatre ou cinq Indiens qui l'accompagnaient trouvèrent la plaisanterie excellente ;

mais l'impression que ce trait fit sur l'esprit de Maufelly fut, à ce qu'il paraît, plus profonde, car celui-ci me voyant remplir ma tente de fumée, me jeter à terre, agiter des branches à droite et à gauche pour chasser ces parasites venimeux et m'apprêter un sommeil paisible, ne put retenir sa surprise de ce que je ressemblais si peu « à l'ancien capitaine, qui n'aurait pas seulement tué un moucheron. »

Comme nous arrivions au confluent de l'Ah-hel-Dessy, et du lac de l'Esclave, je ne fus pas fâché de voir que les arbres, quoique noueux, avaient plus d'équarrissage, et que de petits bouleaux commençaient à se montrer çà et là. Néanmoins je n'en vis aucun qui pût nous servir à faire des planches, et je commençai à craindre d'être obligé d'envoyer chercher à cent cinquante milles ces matériaux indispensables.

Nous atteignîmes l'extrémité orientale du lac, où, dans ma lettre du 19 août, j'avais donné l'ordre à M. Mac-Leod de construire une maison. Aussi, en avançant sur les bancs de sable dont la surface était couverte de mousse, fûmes-nous très satisfaits d'entendre le bruit des charpentiers. Guidés par les troncs d'arbres dépouillés de branches qui jonchaient le sol, nous arrivâmes bientôt dans une baie où s'élevait en face d'un fourré verdoyant la charpente de la maison que j'avais commandée. M. Mac-Leod était à l'ombre avec La Prise, et il ne nous entendit venir que lorsque nous fûmes à quelques pas de lui. Nous étions rangés en file, mes hommes ayant adopté cet ordre de leur propre mouvement; et, avec nos visages enflés et notre accoutrement, chargés comme nous l'étions, les uns de fusils, les autres des piquets de la tente, nous offrions un aspect bizarre et nous ne ressemblions pas mal à une troupe de voleurs de théâtre.

Cela n'empêcha pas mon ami de nous témoigner sa joie de notre retour. Il avait espéré que nous prendrions par une petite rivière située à un mille à l'est, direction invariablement suivie par les Chipewyans et les Couteaux-Jaunes, mais dont jusqu'alors j'avais ignoré l'existence. Néanmoins, en l'examinant plus tard, nous reconnûmes qu'elle aurait été trop basse pour les canots, car elle n'était alimentée que par les dérivations de quelques petits lacs et par les eaux d'une cascade pittoresque éloignée de 4 à 8 milles. Nous y trouvâmes quelques canots indiens amarrés aux branches des saules; et comme c'était la route la plus favorable et la moins accidentée de celles qui conduisent aux terres stériles, on la préférait, à ce qu'il paraît, à celles par lesquelles nous avions passé.

CHAPITRE VII.

« Le grand jeune homme. » — Traité avec les Indiens. — Célébration du dimanche. — Arrivée de M⁵ King avec deux bateaux. — Opération chirurgicale. — Incommodité des canots indiens. — Conduite de l'équipage. — Construction d'un nouveau logement. — Arrivée des Indiens. — Leur tactique. — Vieille femme indienne. — Visiteurs affamés. — Vengeance tirée d'un acte d'inhumanité. — Description du Thlew-ee-Choh. — Observatoire. — Etrange aspect de l'aurore. — Nous sommes encombrés d'Indiens. — Leurs idées superstitieuses. — Nous sommes à court de vivres. — Installation dans notre nouveau logement que nous nommons fort Reliance (Confiance). — Les vivres nous manquent de nouveau. — Akaitcho. — Je donne congé à De Charlòit et à deux Iroquois, ainsi qu'à La Charité. — Tristesse des Indiens. — Histoire d'un jeune chasseur. — Infraction à la loi indienne. — Mort de la vieille femme. — Jour de Noël. — Petite distribution. — Expériences. — Froid excessif. — Arrivée de M. Mac-Leod. — Atroce cruauté. — Histoire révoltante d'un Indien.

M. Mac-Leod me dit qu'il avait attendu au Fort de la Résolution l'arrivée du chef indien, *le grand jeune homme*. Ce dernier avait feint d'abord un vif désappointement en apprenant que je ne voulais pas de ses services;

mais sa mauvaise humeur s'était peu à peu dissipée sur l'exposé de nos ressources et des règlements sévères auxquels leur exiguité nous forçait à tenir la main; finalement, après avoir reçu en compensation de la perte de son temps la valeur de quarante peaux de castor, il s'était retiré très satisfait.

M. Mac-Leod assisté des Indiens était arrivé le 22 août, après avoir recueilli La Prise dans mon canot à la rivière Hoar-Frost (rivière de la Gelée - Blanche); à l'aide de quatre hommes seulement, il avait réussi à élever la charpente en bois dont j'ai déjà parlé. Leur travail ayant été sérieusement interrompu par les *maringouins*, et il ne leur avait été possible de le continuer qu'en s'entourant de nuages de fumée par la combustion des arbrisseaux verts dont ils étaient environnés.

Un nouvel établissement formé aux bords d'un lac fonde surtout son espoir sur le produit de la pêche; une provision journalière de truites et de poissons blancs trouvée dans nos filets, semblait justifier les prédictions qu'on nous avait faites à cet égard, et nous offrait pour l'avenir une perspective encourageante. Les Indiens avaient aussi apporté, dans la saison, de la viande, dont M. Mac-Leod, prévoyant une grande consommation de vivres, avait prudemment réduit le prix au-dessous du taux ordinaire. Cette innovation ne fut pas vue avec grand plaisir; mais, comme nous étions à cent cinquante milles au moins de toute habitation, les Indiens avaient intérêt à supporter la réduction; car, si leurs bénéfices étaient moindres, en revanche ce débouché, voisin des pays de chasse, leur permettait des retours plus prompts.

Le lendemain étant un dimanche, nous lûmes l'office divin et nous offrîmes humblement à l'Éternel nos faibles actions de grâces en reconnaissance de la protection qu'il avait jusqu'ici daigné nous accorder; et bien que, sous ce climat rigoureux, chargés de tant de travaux, le temps nous fût certainement très précieux, je sentis néanmoins que la première lecture du livre saint dans ce désert reculé ne devait être profanée par aucun mélange de soins vulgaires; j'accordai donc toute cette journée à la paix et au repos.

Lorsque nos hommes furent rétablis des accidents qui avaient suivi les piqûres des moustiques, auprès desquelles leur fatigue n'était rien, nous les envoyâmes à la recherche de la viande que nous avions cachée sur notre route; en revenant par un chemin différent, ils eurent le bonheur de trouver un bouquet d'arbres sans nœuds et propres à faire des planches à bateaux d'une dimension convenable. Cette découverte était d'une grande importance, car nous reconnûmes ensuite que ce bouquet d'arbres était le seul convenable pour notre but; et si un hasard heureux ne l'eût placé sur le passage de nos hommes, l'ennui, la dépense et la fatigue qu'eût entraînés une expédition de cent milles sur la glace pour aller chercher du bois, eussent ralenti, sinon totalement paralysé nos efforts pendant l'été suivant.

Le 16 septembre, j'eus la satisfaction de voir arriver dans le fort mon compagnon, M. King, avec les deux bateaux chargés, et leur lourde cargaison, qui n'avait pas souffert, malgré son inexpérience du pays. Il avait subi, comme on devait s'y attendre, les impôts habituels que les anciens *Voyageurs* se croient en droit de percevoir sur les nouveaux, et par conséquent il avait souvent eu à essuyer des désagréments personnels.

Par la négligence de l'équipage, M. King avait dépassé les sources de goudron, dans la rivière de l'Élan (Elk-river), sans s'y approvisionner; en sorte qu'à son arrivée au Fort Chipewyan, il s'était trouvé dans l'obligation d'y renvoyer.

Je lui avais enjoint de se procurer des vivres pour un mois; mais le commis de service n'en pouvait livrer même pour quinze jours, parce qu'il fallait en réserver pour les brigades du lac de l'Esclave et de la rivière de la Paix. Comme M. King avait reçu l'ordre positif de conserver intégralement nos soixante sacs, à moins d'une famine pressante, il commençait à faire apprêter les filets lorsque l'apparition opportune de M. Charles, facteur en chef du district, qui vida les magasins en sa faveur, dissipa toutes ses inquiétudes.

Pendant son séjour à Chipewyan, M. King avait fait avec succès une opération à la lèvre supérieure d'une femme, horriblement défigurée par un cancer, provenant, à son avis, de l'habitude invétérée de la pipe, dont l'usage est si commun chez les métis. Il s'était déjà assuré de deux ou trois cas semblables, incurables et d'un aspect repoussant, entre autres au Fort William. Il avait été accueilli avec enthousiasme, dans tous les postes au-delà de la rivière Jacques, par les naturels et par ceux qui vivaient avec eux; et ne pouvait revenir de son étonnement en voyant à quel point les maladies étaient répandues dans cette partie de la contrée.

Après s'être procuré du goudron, M. King, embarqué avec quatre hommes sur un canot de moyenne grandeur, avait suivi les bateaux qui naviguaient en avant. Il n'avait d'autre pilote que James Spence, un de mes hommes de la dernière expédition, qui, pour m'accompagner dans celle-ci, avait pris la place d'un Canadien : c'était un excellent garçon, mais d'une mémoire fautive, de telle sorte que le canot faillit être entraîné dans les chutes et les rapides effrayants de la *Cassette*, où l'on n'avait encore jamais osé s'aventurer. La pointe où on doit s'arrêter pour le *portage* était dépassée, lorsque les Iroquois, placés à l'avant, déclarèrent qu'il n'était plus possible d'avancer ni de reculer. Heureusement on se trouvait près de terre et on put aborder; remorquant donc le canot avec leurs ceintures changées en autant de touées, les hommes parvinrent à remonter le courant et à rentrer enfin dans la bonne voie. — En descendant la rivière de l'Esclave, M. King rencontra quelques Indiens, et se fit conduire dans le petit canot de l'un d'eux au Fort de la Résolution, afin de gagner du temps; il nous décrivit cette manière de voyager comme très peu confortable. « Je demeurai quarante heures dans ce canot indien, nous dit-il, et c'est bien certainement le temps le plus pénible que j'aie jamais passé de ma vie. Je ne pouvais remuer un seul membre; et je me sentais oppressé par un assoupissement auquel j'eus beaucoup de peine à résister, bien qu'en y succombant j'eusse pu entraîner la perte du canot. » Une forte dose de thé lui ayant rendu l'usage de ses facultés, il arriva au Fort, et y trouva les bateaux mouillés depuis quatre jours (1).

L'équipage, suivant le rapport de M. King, s'était conduit aussi bien qu'on pouvait l'at-

(1) Le savant secrétaire de la société d'horticulture, M. Lindley, avait eu la bonté de me remettre des semis de diverses espèces, dont nous laissions quelques uns à chacun des postes par lesquels nous passâmes.

tendre d'hommes de cette classe et dans de semblables circonstances, à l'exception néanmoins de deux d'entre eux, d'autant plus inexcusables qu'on leur avait toujours montré beaucoup d'égards et que le comité arctique d'Angleterre les avait traités avec beaucoup de générosité. Je saisis cette occasion d'assembler tout mon monde, et j'infligeai aux délinquants une réprimande publique et sévère. Je rappelai à tous la teneur des engagements, et je donnai une courte explication de la manière dont le service devait être fait. Je leur montrai combien ils avaient intérêt à se conduire comme de braves et honnêtes gens, et je leur rappelai qu'ils étaient attachés à une expédition dont l'issue heureuse ou malheureuse obtiendrait toujours l'approbation publique. Après cette admonition, je leur présentai M. Mac-Leod comme un des officiers de l'expédition et celui à qui seraient confiées la surintendance et la direction de notre futur établissement.

Notre habitation projetée devait s'élever

sur un banc uni de gravier et de sable, couvert de mousse de rennes, d'arbres et d'arbrisseaux ; il ressemblait beaucoup plus à un parc qu'à une forêt américaine. Il était situé à l'extrémité nord d'une baie, longue de douze ou quinze milles, et large de trois à cinq, laquelle reçut le nom de mon ami *Mac-Leod*.

La baie recevait les eaux du Ah-hel-Dessy du côté de l'ouest, et du côté de l'est celles de la petite rivière dont nous avons précédemment parlé ; elle était entourée de collines, ou, comme disent les Indiens, de *montagnes* granitiques de feldspath gris et couleur de chair, de quartz, et parsemées en quelques endroits de larges plaques de mica. Cependant ces collines qui s'élevaient de 500 à 1500 pieds, loin de nous protéger, conduisaient au contraire sur nous les vents compris entre l'E. S. E. et l'O. S. O. qui soufflaient de temps en temps avec une grande violence. Les longs bancs de sable qui couraient entre les deux rivières, et les enfoncements étroits qui découpaient le rivage, semblaient offrir une retraite assurée au poisson blanc pendant le temps du frai; nous tendîmes en conséquence un grand nombre de filets pour profiter de cette aubaine.

Nos hommes furent divisés en divers détachements chargés chacun d'une tâche régulière : ceux-ci coupèrent les arbres et les équarrirent en poutres et en solives, d'autres eurent à scier les dosses et les planches; ici un groupe s'efforçait de tailler le granit informe pour lui donner une certaine régularité; là un autre détachement, à bord d'un canot, cherchait de la vase et du gazon pour faire une sorte de mortier. Cette scène animée, encadrée par nos tentes blanches et nos huttes de cuir enfumées, contrastant, avec les montagnes et le feuillage vert de la forêt, présentait un coup d'œil intéressant et pittoresque.

En peu de jours, la charpente de la maison et de l'observatoire fut construite; mais la petite dimension des arbres et la distance à laquelle il fallait les aller chercher ne nous permirent pas de combler rapidement les interstices des murs. En même temps, nous nous aperçûmes d'une diminution dans le nombre des poissons blancs, qui étaient remplacés par les truites; après examen, nous reconnûmes que ces dernières avaient mangé le frai des poissons blancs.

Nous étions à peine installés dans notre nouvel établissement, qu'une petite troupe d'Indiens vint nous apporter un peu de viande ; ayant obtenu en échange ce dont ils avaient besoin, ils se retirèrent laissant derrière eux un vieillard infirme. Deux autres Chipewyans âgés le rejoignirent peu après, l'un d'eux portant son fils que le manque de nourriture avait fait tomber en faiblesse. Bientôt une foule de malades et d'affamés nous assaillit de toutes parts dans l'espoir d'obtenir de nous les aliments que nous avions achetés à leurs compatriotes. Indifférents aux souffrances de leurs compagnons, les chasseurs vigoureux égalent presque l'activité des animaux qu'ils poursuivent, et s'en remettent à l'humanité des blancs du soin de nourrir leurs parents infirmes ou affamés. Dans un poste permanent dont les ressources sont assurées, on peut, jusqu'à un certain point, tolérer un semblable calcul; mais, dans notre position, déjà obligés nous-mêmes de nous mettre en quête pour renouveler nos provisions, nous devions aisément prévoir que trop de condescendance nous plongerait dans d'inextricables difficultés. Dans cette conviction, je résolus de tenir bon; et, bien que les suppliants ne fussent jamais renvoyés les mains vides, je ne leur permis pas de rester sur notre territoire. — Dans ce pays, un poste n'est pas plus tôt établi, que non seulement les malades y viennent par besoin, mais qu'une multitude d'autres visiteurs s'y donnent rendez-vous : ce sont des femmes, des enfants, des vieillards et des oisifs, attirés par un sentiment avide, ou par la curiosité, ou, comme ils disent, « venant voir leurs *parentes* »; ils entendent par ce terme les femmes métisses qui accompagnent souvent les *Voyageurs*. Heureusement nous n'avions parmi nous aucune de ces *parentes*; par conséquent, nous n'eûmes point à essuyer les civilités importunes de leurs familles indiennes. Ce qu'il y a de certain, c'est que, pour justifier leurs visites, le degré de parenté leur est fort indifférent ; ainsi, comme je demandais à un Indien qui m'appelait son beau-frère, pourquoi il me donnait ce titre d'affection, il me répondit avec une grande naïveté : « Quoi! le chef oublie-t-il donc que je lui ai » parlé à Chipewyan? »

Le 29 septembre, un feu parut de l'autre côté de la baie. Je dépêchai un canot en reconnaissance, et il revint bientôt après, non point avec une bonne cargaison de viande, comme nous l'avions espéré, mais avec une pauvre vieille femme, écrasée à la fois sous le poids de l'âge et des infirmités, et horriblement défigurée par la faim et la maladie. Toutes les misères de la nature humaine semblaient accumulées sur sa tête, et le Dante lui-même n'eût pu concevoir une apparition plus hideuse.

Couverte de peaux de daim, toute ridée, les yeux presque fermés, les cheveux sales et en désordre, supportant à peine, avec un bâton qu'elle tenait à deux mains, son corps cassé et parfaitement horizontal, elle offrait, qu'on me pardonne l'expression, l'aspect repoussant d'une brute humaine. C'était un spectacle humiliant pour notre nature, et qu'il me serait cruel de revoir. Pauvre misérable! Son histoire ne fut pas longue : vieille et décrépite, elle était devenue un fardeau pour son propre sexe; on oublia ses services et ses travaux passés, et ses compatriotes lui dirent froidement, dans leur langage figuré : « *Bien que vous sembliez* » *vivre, vous êtes déjà morte,* » puis ils l'abandonnèrent en ajoutant : « Non loin d'ici est » un nouveau fort, allez-y; les blancs sont » de grands médecins, et ils auront peut-être » le pouvoir de vous sauver. » — Cela s'était passé un mois auparavant; depuis cette époque, elle avait rampé et s'était traînée le long des rochers où quelques rares baies avaient prolongé son existence; mais encore un jour ou deux, et ses souffrances eussent été terminées.

Les nuits commençant à devenir froides, nous vîmes diminuer nos chances de prendre du poisson; aussi n'en trouvâmes-nous un jour que vingt-sept d'une espèce fort médiocre, dans une étendue de filets de quatre cents fathoms (731 mètres). Comme le produit de cette pêche ne suffisait plus à nos rations quotidiennes, nous dûmes à regret recourir à notre provision de campagne, au pemmican.

Octobre.—Des Indiens affamés continuaient à déboucher de tous les points de l'horizon, racontant que le gibier avait abandonné les terres stériles où jusqu'alors il avait coutume de se trouver à pareille époque, et que non seulement les Couteaux-Jaunes, mais les Chipewyans étaient dans le dénuement le plus complet. — Ventre affamé n'a point d'oreilles; j'en sais quelque chose : il n'y avait donc qu'un parti à prendre, c'était de satisfaire les Indiens le plus promptement possible; car, si je leur eusse refusé des secours, peut-être auraient-ils pu se persuader que la force constitue le droit lorsqu'on obéit à l'instinct naturel de la conservation.

A l'un des postes de la compagnie situés dans le district septentrional, le gibier se trouva aussi tellement rare que les naturels, mourant de faim, implorèrent la générosité du directeur et lui demandèrent quelque peu de la viande dont ses magasins regorgeaient, pour reprendre leurs forces avant de se remettre en chasse. Ayant essuyé un refus, ils se retirèrent désespérés dans leurs quartiers d'hiver. De temps en temps ils tuaient un orignal, mais longs étaient les intervalles de jeûne; et dans ces moments de privation poignante, l'inhumanité de l'homme blanc excitait une indignation sauvage qui finit par s'exhaler en projets de vengeance. Une occasion se présenta de les mettre à exécution : ce fut l'arrivée dans leurs cabanes d'un interprète envoyé par la factorerie pour voir ce qui s'y passait. Cet homme n'avait jamais été bien vu parmi eux, et la part qu'il venait de prendre au rejet de leur dernière demande avait aggravé le ressentiment dont il était l'objet. Il ne l'ignorait pas, et, en sa qualité de métis, il était doué de cette prudence soupçonneuse qui caractérise l'Indien. Cependant la bienveillance et le calumet de paix qui l'accueillirent comme à l'ordinaire lors de son entrée dans les huttes, diminuèrent ses appréhensions; le don de quelques viandes sèches, pour la consommation du fort, fait avec une gaieté apparente, acheva de les dissiper. Deux Canadiens, qui l'avaient accompagné, partirent avant lui; il les rejoignit une heure après. Mais lorsqu'il se fut perdu dans l'épaisseur des bois, les Indiens saisirent leurs fusils, gagnèrent par un sentier détourné un lieu favorable à leurs desseins, se mirent en embuscade à dix pas, et là ils attendirent patiemment l'arrivée des trois hommes. A un signal convenu, trois coups de feu partirent; deux des voyageurs tombèrent morts; le troisième prit la fuite et fut poursuivi avec acharnement par les Indiens exaspérés qui poussaient des hurlements horribles. La peur donna des ailes au Canadien; il échappa aux regards de ses ennemis et se cacha, hors d'haleine, entre quelques rochers. Les Indiens passèrent auprès de lui sans l'apercevoir; arrivés à la maison du directeur, qui était encore couché, ils entrèrent furieux dans son appartement, et, après lui avoir reproché toutes les souffrances causées par sa dureté, ils le massacrèrent.

Cette cruelle vengeance accomplie, ils retournèrent dans leurs forêts sans commettre le moindre acte de spoliation. Le Canadien et un homme à qui, par extraordinaire, ils n'avaient fait aucun mal, se hâtèrent de gagner les postes voisins où ils firent connaître cette sanglante catastrophe. On plaça des renforts dans ce poste, et définitivement les meurtriers furent pourchassés par leur propre tribu, triste mais salutaire leçon pour les hommes blancs comme pour les Peaux-Rouges.

Nous étions au milieu d'octobre, et nous n'avions encore vu que des oiseaux de neige et quatre perdrix blanches. Les daims et les poissons avaient également disparu. Les Indiens, satisfaits de nos distributions de vivres, munis de hameçons et de portions de filets, nous quittèrent l'un après l'autre, nous laissant seulement quelques vieillards. Deux de ces derniers nous dirent qu'ils avaient autrefois suivi le cours du Thlew-ee-Choh bien au-delà du lieu où s'arrêtait ordinairement leur tribu. Ils nous en firent une description favorable, en nous assurant qu'on n'y rencontrait jamais de chutes, bien que cette rivière fût assez souvent interrompue par des rapides. On appréciera plus tard la valeur de cette assertion. Dans leur opinion, le Thlew-ee-Choh se dirigeait au nord et inclinait peut-être à l'est, bien que, d'après certaines montagnes bleues qui revenaient souvent dans leurs récits et qu'ils désignaient comme la limite de leurs excursions, il semblât dévier sur la gauche. Le rapport de ces vieillards vint aussi corroborer les opinions précédemment émises sur le cours du

The-Lew, qui coule dans un lit bas et marécageux et se lie avec un pertuis que sépare de la mer un étroit chenal dont les Esquimaux habitent les bords. Nos Indiens nous dirent encore qu'ils avaient fait la guerre à ces derniers de même qu'aux Esquimaux habitant l'embouchure du Thlew-ee-Choh.

Nos constructions avançaient rapidement, bien que le mélange de vase et de sable dont nous nous servions au lieu de mortier fût aussitôt gelé que mis en œuvre. Notre observatoire fut bientôt terminé : il consistait en un carré intérieur de douze pieds, ayant un porche à l'ouest avec deux portes, dont l'extérieure ouvrait au sud. Le toit était angulaire et couvert de dosses non dégrossies, dont le côté plat était tourné vers le plancher, tandis que les interstices de l'extérieur avaient été comblés avec un mélange de boue, de sable et de gazon sec. L'édifice avait quatre fenêtres en parchemin d'orignal, portant chacune un petit panneau de verre et faisant face aux quatre points cardinaux. On avait soigneusement ôté les pierres de l'intérieur, et un tronc d'arbre, de sept pieds de long et de deux pieds et demi de diamètre, complètement desséché, fut solidement implanté dans un trou de trois pieds de profondeur au centre de l'appartement, où le maintinrent solidement de fortes couches de boue et de sable. On l'entoura d'une charpente de trois pieds carrés, à rainures et à mortaises, et on remplit les vides de la même composition que celle dont on avait enduit les murs. Dès que cette sorte de plâtre eut séché, on emmortaisa un ais carré très épais sur le poteau; l'ensemble de cette construction devint alors aussi solide qu'un rocher. Le sol était planchéié, et, lorsqu'on eut fermé les portes, la différence de température entre l'intérieur et l'extérieur fut de 14°(7°,8. C.). Dans tout l'édifice il n'était pas entré un clou ni une parcelle de fer; pour le garantir de l'approche éventuelle d'individus armés de fusils ou de haches, je l'entourai d'une palissade circulaire de soixante-dix pieds de diamètre (environ vingt-et-un mètres). Il était situé sur une petite élévation de terrain, à deux cents pas du lac et à cent de l'extrémité orientale de la maison. Un fort bâton, de quinze pieds de haut, fixé à l'extrémité nord du faîte, portait une girouette; en outre de perches blanches, placées dans les directions du méridien vrai et du méridien magnétique, je fis disposer une rose de vent horizontale au nord de l'observatoire dans l'enceinte de la palissade, afin de reconnaître avec plus d'exactitude les gisements des phénomènes dont nous pourrions avoir occasion d'être témoins. — Nous mesurâmes de ce point la hauteur angulaire des montagnes environnantes.

Nous observâmes immédiatement l'intensité magnétique et l'inclinaison avec des aiguilles de Hansteen et de Dollond; nous en employâmes aussi une autre taillée en losange d'après le conseil du capitaine Beechey; mais, pour plus de clarté, toutes ces observations seront rejetées avec celles des autres phénomènes dans l'appendix. Trois thermomètres (à l'esprit de vin) furent établis dans l'intérieur de l'observatoire, quatre à l'extérieur au nord, et un au soleil, du côté du sud. Ils avaient été préalablement comparés entre eux, et pendant quelque temps nous en prîmes les moyennes respectives; mais plus tard nous abandonnâmes ce système, et les thermomètres les plus rapprochés de la moyenne nous servirent d'étalons pour les observations. L'instrument de déclinaison diurne, construit par Jones, d'après le plan du professeur Christies, et qui sera expliqué ultérieurement, fut disposé dans le méridien magnétique; nous eûmes soin de noter ses indications dix fois par jour, depuis huit heures du matin jusqu'à minuit. La température était enregistrée quinze fois dans les vingt-quatre heures.

Peu après l'installation de l'aiguille, nous vîmes un étrange phénomène lié à celui de l'aurore boréale et que l'on m'excusera sans doute de rapporter ici, en raison de sa singularité, bien que je doive y revenir plus tard. A cinq heures trente minutes de l'après-midi, j'observais le passage d'une étoile, lorsque j'aperçus jaillir des lueurs derrière un nuage sombre, isolé, de forme oblongue, dans une position verticale, à l'E. ¼ S. E. (1); elles se projetaient en un arc ondulé de 38° de hauteur et rayonnaient latéralement au nord et au sud. Un autre arc, plus brillant et plus étroit, s'éleva soudain à l'O. ¼ N. O. et passa entre un nuage noir presque horizontal, et les étoiles qui n'étaient pas alors visibles à travers l'aurore. Je portai immédiatement mes regards sur l'aiguille, que je trouvai un peu agitée, mais sans vibrations; en relevant les yeux je fus surpris de voir que le nuage noir et horizontal de l'ouest avait changé de forme, ayant maintenant celle d'un ballon et s'allongeant évidemment vers le zénith. En regardant à l'E. je m'aperçus que là aussi un nuage noir changeait rapidement d'aspect. A la vue d'un spectacle si extraordinaire, j'appelai

---

(1) Gisement du compas.

mes deux compagnons MM. King et Mac-Leod ; nous vîmes que le nuage noir et épais de l'ouest se dilatait graduellement comme pour joindre l'autre qui s'élevait aussi vers le zénith. Le ré-résultat de cette jonction fut un arc d'un gris obscur s'étendant de l'E. $\frac{1}{4}$ S. E. à l'O. $\frac{1}{4}$ N. O., en passant par le zénith et cachant complète-ment les étoiles, bien que de chaque côté de l'arc celles-ci se manifestassent par un éclat et un scintillement remarquables. En même temps l'aurore prenait successivement toutes sortes de formes, particulièrement celle d'arcs fran-gés et ondulants, plus ou moins larges, élevés de 30 à 50°, entourés de lueurs et de rayons qui s'en échappaient à angles droits. L'arc nua-geux était aussi illuminé à son extrémité N. O., près de l'horizon, tandis que des rayons et des traînées de feu en ligne courbe se jouaient à l'E. autour de l'autre extrémité, dont, en quelques secondes, la partie la plus voisine de l'horizon prit une forme de zigzag semblable au sil-lonnement d'un éclair ; immédiatement l'extrémité ouest répondit à ce mouvement en subissant des transformations rapides qui échappent à la description. L'agitation des deux extrémités ne tarda pas à affecter le centre de l'arc, qui, s'affaiblissant graduellement, finit par disparaître tout-à-fait, laissant désormais les étoiles briller de tout leur éclat. Les masses isolées demeuraient cependant encore sous des formes diverses, mais l'aurore se jouant autour d'elles les enveloppa promptement, surtout du côté de l'orient, et en fit disparaître jusqu'au dernier vestige.

Dans cette occasion, l'aurore était très élevée, et par conséquent n'exerça pas une grande influence sur l'aiguille dont la sensibilité était pourtant très grande; mais j'eus occasion plus tard de constater une déviation de huit degrés, comme le reconnaîtront ceux de mes lecteurs qui compulseront les tableaux de l'appendix.

La petite rivière à l'est et les bords du lac gelèrent dans les derniers jours du mois; mais le temps étant très doux, une forte brise rompit de nouveau la glace dans l'espace de quelques heures. C'est à cette douceur inusitée de la température qu'il faut attribuer la misère extrême des Indiens, qui, amaigris et exténués par la fatigue, continuaient à nous arriver en foule des terres stériles, d'où, contrairement à leurs habitudes, les daims n'étaient pas encore sortis, et où ils se tenaient à une trop grande distance pour pouvoir être poursuivis. Un pauvre Indien n'avait pas mangé depuis dix jours, et il eût succombé en route s'il n'eût été soutenu par l'espoir de nous rencontrer. Dans l'état de dénuement où nous nous trouvions, il était impossible de faire pour ces infortunés ce que nous dictait notre compassion.

Entre autres superstitions, ces Indiens vinrent à s'imaginer que les instruments de l'observatoire, dérobés à leurs regards par M. King et moi, étaient la cause mystérieuse de toutes leurs infortunes; cette opinion n'avait rien de trop extravagant pour eux, car, un jour, au moment où nous observions l'inclinaison, deux de nos visiteurs écoutèrent, et, n'entendant par intervalles que deux mots isolés, comme ceux-ci : *maintenant...*, *arrête...*, auquel succédait toujours un profond silence, ils se regardèrent l'un l'autre, se hâtèrent de sortir de l'enceinte avec un mouvement d'épaules fort significatif, et allèrent conter à leurs compagnons que j'évoquais le diable.

Pour tâcher de dissiper les croyances superstitieuses des Couteaux-Jaunes, je leur dis qu'ils s'étaient trompés sur la nature de cet instrument mystérieux dont la vertu consistait, non à disperser, mais bien à attirer les animaux, comme ils pourraient s'en assurer en allant à la chasse. Cette assertion, bien que pure plaisanterie, sembla pourtant devoir se vérifier, car, le jour même, on tua un vieil ours, qui fut dévoré avidement malgré sa maigreur et la dureté de sa chair. Nous étions tant de monde que chacun eut à peine de quoi y goûter; néanmoins cet événement excita chez tous les Indiens une légère animation; mais ils retombèrent bientôt dans le même dénuement; c'était un spectacle déchirant que de les voir se tenir auprès de nos hommes au moment du repas, suivant chaque bouchée avec des regards d'envie, et dédaignant toutefois de proférer une plainte. La malheureuse vieille femme dont j'ai parlé était trop accablée d'infirmités pour apprécier notre protection et nos bons traitements; et, bien qu'on lui eût promis de prendre soin d'elle, elle ne manquait jamais d'assister aussi à notre maigre repas pour implorer de mon domestique, avec une sorte de râlement faible et monotone, la permission de râcler le fond des chaudières.

Nous avions essayé divers endroits pour la pêche, mais, après la première épreuve, les filets restaient invariablement vides. Pour remédier autant que possible à cette déplorable pénurie, nous divisâmes nos hommes en détachements, qu'à l'exception d'un seul, employé à finir la maison, nous envoyâmes à divers endroits du lac pour chercher à se procurer des vivres. Quelques uns réussirent, mais les autres revinrent après une courte absence, désolés d'avoir perdu deux filets et tout-à-fait découragés. Il ne me resta donc plus qu'à réduire les rations journalières et à supprimer sans pitié celles des chiens, dont plusieurs dépérirent au point de n'avoir plus la force d'aboyer; je ne puis encore concevoir comment ces animaux ont résisté.

Au milieu de ces désastres, nos esprits furent un peu ranimés par l'arrivée fortuite de deux jeunes chasseurs qui, après avoir quitté Akaitcho pour chercher des daims, avaient eu le bonheur de rencontrer un grand troupeau de ces animaux et en avaient tué quelques uns; mais, en venant annoncer cette bonne nouvelle au chef, ils s'étaient égarés dans les brouillards, et se trouvèrent, lorsque le temps fut éclairci, à une journée de marche de notre établissement; ils n'avaient pu résister au désir de venir nous offrir de la viande fraîche en échange d'un peu de tabac que nous leur donnâmes bien volontiers. Quelques heures après, tous les hommes capables de marcher étaient partis pour cette *terre promise* où le gibier avait été caché, et pendant quelque temps nous pûmes envisager l'avenir sans inquiétude.

Le 5 novembre, nous eûmes la satisfaction de quitter nos froides tentes pour jouir des avantages d'une maison semblable à toutes celles du pays; elle consistait en une charpente dont les intervalles étaient garnis de troncs d'arbres encastrés dans des coulisses et soigneusement enduits avec un ciment composé de sable et de boue. La couverture était formée de simples dosses disposées obliquement depuis le faîte jusqu'aux bords du toit; le tout était assez bien consolidé par un mélange de gazon sec, de boue et de sable, fortement battu entre les intervalles des dosses, et revêtu ensuite d'une petite couche de vase. La maison avait cinquante pieds de long (15,2 mètres), et trente de large (9,1 mètres); elle se composait de quatre chambres séparées, avec une salle spacieuse au centre, destinée à recevoir et à loger les Indiens. Chacun de ces appartements possédait un foyer et une cheminée grossière qui, sauf les tourbillons de fumée qu'elle renvoyait dans l'intérieur, répondait assez bien au but de ceux qui l'avaient construite. Une toute petite pièce, contiguë à la salle, mal abritée du vent et de la pluie, fut décorée du nom de cuisine. Les habitations de nos hommes formaient la façade ouest du terrain que nous voulions ériger en place, place qui, semblable à tant d'autres, ne fut jamais terminée. Comme tous les postes du pays ont un nom particulier, je donnai au nôtre celui de *Fort-Reliance* (confiance, appui), en signe de notre foi en la miséricorde de la Providence; car nous espérions humblement que sa protection ne nous manquerait pas au milieu des difficultés et des dangers de tout genre auxquels nous allions être exposés.

La latitude exacte du fort est de 62°-46'-29" N., sa longitude de 109°-0'-38",9 O., de Gr. (111°-20′-53″ de Paris); la déclinaison, de 35°-19′ or., et l'inclinaison de 84°-44′. A un mille de là environ, un arbre, frappé par la foudre, montrait son tronc fendu sur une longueur d'environ vingt pieds; les fragments en avaient été lancés à trente ou quarante pas. Je n'ai jamais vu d'effet comparable à celui-là.

La continuation du beau temps, et les poursuites dont les daims avaient été l'objet, les chassèrent de nouveau vers les terres stériles, où l'on ne put les approcher de toute la saison; aussi, vers la fin du mois, les vivres nous manquèrent de nouveau; la détresse redoubla; nous avions le cœur déchiré des plaintes et des cris étourdissants des femmes et des enfants. L'heureuse arrivée de mon vieil ami Akaitcho, avec un peu de viande, nous tira d'embarras; un certain nombre d'Indiens partirent avec ce chef, qui nous promit de ne jamais nous laisser dans la détresse tant qu'il aurait quelque chose à envoyer au fort. Il ne s'informa pas directement de sir John Franklin, ni du docteur Richardson; mais sa satisfaction fut évidente, lorsque je lui fis en leur nom quelques petits présents; il me montra alors la médaille d'argent qu'il avait reçue au fort Entreprise, pour prouver qu'il ne les avait point oubliés. L'addition d'une ou deux bagatelles le rendit complètement heureux, et il nous quitta dévoué, selon toute apparence, au succès de l'expédition.

Parmi ses compagnons se trouvait un vieillard qui nous indiqua un lac situé à trente milles au S. E. où, disait-il, il obtenait quelques bons résultats de la pêche dans les occasions pressantes. Je ne voulais négliger aucun moyen de conserver notre provision de pemmican; je le déterminai donc à guider vers ce lac un petit détachement chargé de vérifier le fait, et de nous transmettre sans délai le résultat de ses recherches, s'il était favorable. Trois jours après, La Charité revint à la maison au milieu de la nuit après une marche des plus pénibles, accomplie dans les bois sans chaussure à neige; il rapportait quatre poissons et l'heureuse nouvelle qu'il y avait tout espoir d'en prendre davantage en embrassant une plus grande étendue d'eau. Il repartit avec tous les hommes dont nous pouvions nous passer; ceux qui restaient étaient obligés de vivre sur notre pemmican, dont nous avions déjà consommé un tiers.

7 décembre. — Pour diminuer autant que possible le nombre de nos hommes, je congédiai De Charloit et deux Iroquois suivant notre convention, et La Charité à sa propre requête; mais ce ne fut pas sans avoir donné à ce dernier un substitut, qui se trouva lui être bien supérieur en tous points, comme *coureur-de-bois*. Je leur fournis les moyens d'existence nécessaires pour gagner le plus prochain établissement; je chargeai De Charloit de mes dépêches pour M. Hay, sous-secrétaire d'état des Colonies, et pour l'amirauté; je lui confiai aussi des lettres où je demandais des secours supplémentaires qui devaient être envoyés l'année suivante de la factorerie de Yorck.—Il ne nous

arriva cette semaine que quatre Indiens affamés. Ils étaient très abattus, et augmentèrent la tristesse générale en confirmant les appréhensions que des commencements aussi défavorables faisaient naître pour notre sort pendant le cours de l'hiver.

Je craignais d'abord que les Indiens, si superstitieux, ne fussent portés à attribuer leur position déplorable à notre entreprise, condamnée par les Esprits jaloux qui règnent sur les régions glacées où nous devions porter nos pas; mais j'appris que déjà, dans les deux hivers précédents, des calamités extraordinaires avaient accablé toutes les tribus qui habitent les environs du grand lac de l'Esclave et de la rivière Malkenzie. A l'ouest, particulièrement auprès de la rivière au Liard, quarante des meilleurs chasseurs chipewyans étaient morts de famine, un grand nombre avait disparu sans que depuis on en ait entendu parler, et les malheureux survivants, écrasés sous le poids de maux horribles par la rigueur de l'hiver et l'absence des animaux, étaient encore visités par des calamités inouïes qu'ils regardaient comme directement envoyées du ciel, et qui leur faisaient dresser les cheveux sur la tête : ainsi advint-il pour deux femmes et leurs enfants qui passaient près d'une montagne avec leurs chiens chargés ; ils approchaient des tentes lorsque tout-à-coup on les entendit crier au secours, et aussitôt on vit un tourbillon de vent envelopper leur petite troupe, la balayer et la faire disparaître pour toujours ; on n'en retrouva qu'un seul enfant qui mourut la nuit suivante en proie à d'atroces douleurs.

Le 16 décembre. — L'interprète arriva d'une des stations de pêche, et nous apprit qu'on y avait perdu plusieurs filets et que le poisson ne pouvait suffire aux besoins du détachement. On y prenait tout au plus treize petits poissons dans un jour, et les Indiens, mourant de faim, se pressaient avec avidité pour obtenir une faible part de cette chétive pêche. Il en arrivait autant chez nous; car les naturels, qui se trouvaient à quelque distance du fort, employaient le peu de force qui leur restait pour s'y traîner; c'était en effet leur seule chance de salut. Nous leur donnions tout ce que nous pouvions, mais nous nous efforcions en vain de ranimer leurs esprits abattus, de leur donner du courage : la misère était trop accablante et paralysait toute leur énergie.

Une troupe d'Indiens venait à peine de fermer la porte, que d'autres encore plus languissants et plus misérables l'entr'ouvrirent faiblement, attestant, par leur air effaré et leurs yeux caves, qu'ils étaient en proie à des souffrances indicibles. Ils parlaient à peine, mais s'empressaient en silence autour du feu pour jouir du seul soulagement qui pût être largement accordé à leurs maux. Une poignée de viande broyée, toute moisie et réservée d'abord à nos chiens, leur fut distribuée; nous n'en pouvions faire davantage. Cette pitance, toute dégoûtante, toute malsaine qu'elle était, jointe à l'offre amicale d'une pipe de tabac, suivant l'usage ordinaire, suffisait pour effacer un instant le sentiment de leurs misères et pour faire jaillir une lueur d'espérance de leur visage amaigri. « Nous savons, disaient-ils, que vous souffrez autant que nous, et que vous êtes bien bons. » Quelque affligeante que fût cette scène, il était consolant de voir avec quelle résignation ces infortunés supportaient leurs maux. Ils ne blasphémaient point contre la Providence, ils ne se laissaient point entraîner à ces actes révoltants, si communs autrefois, et qui ont fait paraître le caractère du sauvage indien sous des couleurs si sombres. Cette troupe, si faiblement secourue, nous exprimait sa reconnaissance lorsqu'un de leurs compagnons entra, et, après avoir repris haleine, il nous annonça que tout près de nous un enfant, privé depuis long-temps de nourriture, se mourait de défaillance. Le père, qui se trouvait autour du foyer, se leva aussitôt, et, muni d'un peu de pemmican, la seule viande que nous possédions alors, il partit en toute hâte et arriva heureusement assez tôt pour sauver la vie de son enfant.

Ces Indiens sont naturellement enclins à la superstition; ils nourrissent leur esprit d'une foule de légendes dont la plupart sont au reste tout aussi sensées que ces fables traditionnelles des peuples civilisés, qui amusent et intéressent l'âge présent par les récits d'un passé que les ténèbres environnent. Ils ont de bons et de mauvais génies qui hantent les eaux, les bois et les montagnes; des géants, des animaux parlants, des lutins et des farfadets, enfin tout un monde subalterne de malins esprits. Je parle de ces superstitions ici pour en venir à l'histoire d'un de nos pauvres hôtes sur un Chipewyan, que l'on regardait comme responsable de l'absence des daims.

« Nous savions, commença le jeune chasseur décharné, tout en rejetant de ses narines d'épais nuages de fumée, nous savions que cet hiver serait marqué par quelque chose d'extraordinaire. Les Chipewyans ont toujours été mal disposés pour les Couteaux-Jaunes, si même ils n'en sont pas les ennemis secrets, et ils se réjouissent de nos infortunes. Pourquoi ce Chipewyan vint-il parmi nous? Nos vieillards ne l'ont-ils pas averti de renoncer à ses projets imprudents, et d'en croire les sages paroles dictées par l'expérience?

» Mais non! il avait souvent entendu dire que, lorsqu'on poursuivait à outrance un daim isolé, les autres ne manquaient pas d'abandonner le pays; car il paraît que des milliers de ces animaux, quoiqu'éloignés les uns des autres, peuvent connaître ce qui est arrivé à un de leurs compagnons! Ce Chipewyan n'a pas voulu croire le fait. Il y a des gens qui ont de méchantes langues! celui-ci répétait sans cesse qu'à la première occasion il s'en assurerait. En conséquence, au commencement de cette année, lorsqu'une croûte légère se fut formée sur la neige, par l'effet de la chaleur du jour suivie de la fraîcheur de la nuit, il sortit avec ses souliers à neige, longs de six pieds, et se mit à parcourir le pays, effleurant silencieusement la surface brillante du tapis de glace étendu sur la terre: il ne tarda pas à découvrir huit ou dix daims sur un marais glacé.

» Faisant un long circuit derrière les animaux, il s'en approcha avec la plus grande précaution; néanmoins ces créatures timides et vigilantes entendirent ses pas légers, et, comme il l'avait prévu, les daims s'élancèrent sur le lac pour lui échapper. Mais leurs sabots, quoique très larges, ne pouvant les soutenir, à chaque bond ils s'enfonçaient dans la neige jusqu'aux hanches, et devinrent ainsi la proie facile du chasseur, qui, soutenu sur ses longs souliers à neige, finit par les tuer tous excepté un. Le Chipewyan s'acharna à poursuivre celui-ci à outrance et sans pitié, jusqu'à ce que l'animal, épuisé de fatigue, tomba forcé à quelques pas de la hutte de son ennemi, qui l'acheva au milieu des plaisanteries de sa famille. « Main-
» tenant, disait-il, je saurai s'il y a quelque vé-

» rité dans vos récits ; au reste, peu m'importe
» qu'ils soient vrais ou faux, je suis Chipewyan,
» et je retourne dans ma contrée, très éloignée
» d'ici, qui vaut mieux que vos marécages et
» vos terres stériles. »

» N'avions-nous pas raison? continua l'Indien, le daim a su ce qui était arrivé, et il ne veut plus revenir. » Là il cessa de parler, et les marques d'approbation de son auditoire témoignèrent l'intérêt que son récit avait excité.

Un autre jour, il nous arriva une femme d'un certain âge, très consternée, et suivie d'une petite fille d'environ six ans. Elle implora notre protection contre un chasseur sur le fusil duquel elle avait marché, par mégarde, pendant la nuit. Chez les Indiens, cette action est regardée comme un crime de la part d'une femme, parce que celle-ci détruit par son contact les qualités du fusil et lui enlève la puissance de tuer. Les conséquences de son inattention faisaient tellement frémir la malheureuse que, malgré les liens qui l'unissaient au possesseur du fusil, elle aimait mieux le fuir que de s'exposer à sa fureur. Cependant, au bout de quelque temps, lorsqu'elle jugea les premiers moments de colère passés, elle fut le rejoindre; heureusement que, dans l'intervalle, l'Indien avait tué un animal avec ce même fusil; de sorte qu'elle en fut quitte pour être rossée d'importance, avec l'avis sévère d'être plus attentive à l'avenir. Ce châtiment était fort doux, suivant la loi indienne, qui condamne la malheureuse femme coupable d'un tel méfait à avoir le nez fendu ou un morceau d'oreille coupé. — Dans la même soirée un homme, sa femme et trois enfants, nous demandèrent l'hospitalité. Ils se trouvaient dans un état déplorable qui me fit bien regretter de ne pas être plus riche en vivres. Plus maltraités que les autres, ils n'étaient en effet que les ombres d'eux-mêmes. L'homme, véritable squelette de maigreur, portait une couverture mince et en lambeaux, qui, raidie par la gelée et frottant continuellement ses jambes nues, les lui avait horriblement écorchées. Ceux qui l'accompagnaient n'étaient guère dans un meilleur état. Notre situation commençait à prendre une tournure affligeante et faisait naître intérieurement des craintes pour l'avenir. Au milieu de ces infortunes, la vieille femme dont nous avons déjà parlé mourut, malgré tous les soins que nous lui prodiguions.

Sa faiblesse n'avait fait qu'augmenter sous le poids de ses infirmités; la circulation s'opérait lentement, et les extrémités étaient gelées. Trop faible pour se soutenir debout, elle rampait misérablement sur ses mains et sur ses genoux d'un lieu à un autre; elle se rendait de préférence dans la chambre de M. King, dont elle recevait les soins une fois par jour. Sa présence produisait un frisson involontaire et un dégoût qui échappe à la description. Quel contraste avec la jeune fille debout à ses côtés, pleine de vie et de santé!... — On la retrouva étendue morte dans sa cabane, près du feu.

Cet événement ne fit pas la moindre impression sur les Indiens; personne n'aurait songé à l'enterrer, si nous ne nous fussions chargés de cette cérémonie nous-mêmes: cérémonie fort pénible, vu la dureté de la terre gelée, mais indispensable pour préserver les restes de cette malheureuse de la voracité des chiens affamés.

Je commençais à ressentir de vives inquiétudes sur la position actuelle de la majeure partie des Indiens que je supposais être dans l'ouest, à la chasse du daim, sous la conduite d'Akaitcho. M. Mac-Leod, avec la bonté d'âme et l'énergie qui le caractérisent, s'offrit de lui-même pour aller à leur recherche et les encourager par sa présence. En conséquence, il partit le 18 décembre, accompagné de l'interprète et d'un jeune Indien qui dans la matinée avait reçu une correction pour avoir volé quelques objets. Le lendemain de leur départ, un de ceux qui avaient suivi Akaitcho arriva avec une petite quantité de viande, à moitié sèche, qu'il avait mis huit jours de marche à nous apporter.

Il nous apprit que les daims étaient assez nombreux, mais qu'ils continuaient à errer dans la région des terres stériles, à la grande surprise des Indiens, qui n'avaient jamais vu ces animaux dévier de l'habitude de chercher un abri dans les bois pendant la saison rigoureuse de l'année. « Ils sont très maigres, ajouta le nouveau venu, mais on en a tué beaucoup. On vous les aurait envoyés au fort, si la distance eût été moindre et si ceux qui auraient été chargés de les transporter n'eussent dû nécessairement en consommer la majeure partie en route; cependant, continua-t-il, on en a mis en réserve dans des *caches* pour vos besoins futurs. »

Ces nouvelles étaient fort bonnes, mais n'allégeaient en rien nos misères présentes; quant aux *caches*, situées dans le voisinage des wolverennes affamées (quickébatch), j'y comptais faiblement pour l'avenir, malgré tous les soins qu'on eût pu mettre à les disposer.

Cependant je me réjouis d'apprendre que

les animaux ne manquaient pas entièrement dans la partie où se trouvait Akaitcho, puisque, sans me faire illusion, je pouvais espérer compléter notre approvisionnement pour le voyage à la mer Polaire. Je me berçais de cette espérance, quand je vis revenir ceux de nos gens qui résidaient à une des stations de pêche; ils n'avaient pu prendre que trois ou quatre poissons par jour pendant la dernière quinzaine. Les accidents de cette espèce se renouvelaient si fréquemment, que j'étais sans cesse obligé de changer mes plans et mes projets; car, au moment où je me croyais le plus en sûreté, je me trouvais tout-à-coup dans le plus grand danger. Mais ce n'était pas le temps de s'endormir, il fallait au contraire relever le courage de nos gens par une activité continuelle qui les détournât de leurs tristes réflexions. En conséquence je fis une nouvelle distribution du travail : les uns, munis de leurs filets, dûrent se rendre à celle des stations de pêche qui donnait encore, et j'envoyai les autres à la rencontre des Indiens.

Notre salle était remplie d'invalides et d'Indiens assis autour du feu, l'air stupide et abattu, s'occupant à déchirer et à faire cuire les rognures de leurs vêtements de peaux de daim, qui, eussent-ils même été entiers, les auraient mal protégés contre une température de 102° au-dessous de glace (— 56°,7 C.). Les hommes étaient plongés dans la torpeur et le désespoir; les mères s'efforçaient en vain d'apaiser, d'une voix sépulcrale, les plaintes continuelles des faibles créatures suspendues à leurs poitrine épuisée; les enfants un peu grands allaient et venaient d'un air insouciant. Malgré leurs souffrances, pas un murmure ne s'échappait de la bouche de ces malheureux. Lorsque le temps s'adoucit, nous leur montrâmes le reste de nos provisions, et nous leur fîmes sentir la nécessité de rassembler tous leurs efforts pour rejoindre Akaitcho, où leurs propres parents leur fourniraient des vivres en abondance; car toute, faible que fût la pitance que nous leur accordions, elle diminuait trop nos réserves pour nous permettre d'attendre la fin de la saison. Avec l'apathie et l'insouciance qui les caractérisent d'une manière si frappante, quelques uns me déclarèrent alors qu'ils ne pouvaient s'en aller, et les autres qu'ils ne le voulaient pas. Cette obstination me força à réduire nos distributions, indispensable mesure de rigueur qui détermina les plus vigoureux d'entre eux à nous quitter, et nous laissa plus de moyens pour secourir les faibles.— M. King assistait sans relâche les malades. — Souvent je partageais ma ration, très réduite, avec les enfants dont la situation abandonnée et les lamentations plaintives me déchiraient le cœur. Que l'on ne s'émeuve pas en voyant les souffrances des hommes dans la vigueur de l'âge, cela se conçoit; mais il faudrait avoir un cœur d'acier pour n'être point attendri au cri d'une faible créature à peine arrivée à la vie, qui implore douloureusement un peu de nourriture ! Je ne saurais peindre ici de quelle foule d'émotions diverses j'étais saisi lorsque ces infortunés venaient me tendre leurs petites mains amaigries pour recevoir chacun une cuillerée de pemmican.

Le jour de Noël avait été fixé depuis longtemps pour l'ouverture d'une caisse d'étain soudée dont une dame de New-York nous avait fait présent; mais l'absence de notre compagnon, M. Mac-Leod, nous fit mettre un frein à notre curiosité; M. King et moi nous nous contentâmes donc d'un dîner de pemmican. Nous nous trouvions dans une disposition d'esprit excellente, et, donnant libre cours à notre bonne humeur, nous parvînmes à nous faire complètement illusion à force de deviser sur nos amis du vieux continent. Notre gaieté se monta bientôt au même ton que si nous eussions partagé le roast-beef et le plumpudding qui fumaient indubitablement sur leurs tables en ce jour glorieux de fête accoutumée.

Janvier 1834. — Les Indiens nous apportèrent une petite provision de viande à demi séchée et fort mauvaise, avec une lettre de M. Mac-Leod. Le gibier s'était retiré dans l'ouest, ce qui, joint à la rigueur de la saison, empêchait les Indiens de le suivre. M. Mac-Leod, tireur des plus habiles, venait de remonter un peu le courage d'un des partis indiens en leur octroyant le secours de sa bonne carabine rayée, et il était sur le point de les quitter pour aller rendre ce même service à d'autres.

Le 13, nous envoyâmes les femmes et les enfants à la pêcherie, et réduisîmes d'un quart de livre notre propre ration; sur ces entrefaites, arriva une nouvelle provision de viande maigre et à demi putréfiée de la part d'Akaitcho, suivie, peu de jours après, d'un autre envoi de quatre-vingts livres de la part de M. Mac-Leod. « Je viens de la pêcherie, nous écrivait celui-ci; elle ne produit presque rien; elle a été pendant quelque temps assiégée de naturels affamés qui la fatiguaient et l'auraient bientôt complétement épuisée; mais ils sont heureusement partis. Les chiens peuvent à peine se tenir sur leurs jambes. Dans ces deux dernières semaines, j'ai eu mille embarras par suite des importunités des Indiens, non seulement de ceux que vous connaissez, mais d'autres encore. La plupart sont extrêmement bas, j'espère cependant qu'il leur sera encore possible d'en réchapper. D'après ce que j'ai vu du pays, le gibier doit être fort rare partout. » Nous apprîmes en même temps que plusieurs naturels étaient morts de faim, et de nouveaux récits de leurs souffrances vinrent nous attrister; malheureusement nous ne pouvions leur porter aucun secours; l'adoucissement du temps était le seul espoir qui restât à eux et à nous. Peu de jours épuisèrent nos nouvelles provisions de viande; j'ouvris un autre sac de pemmican, d'autant plus à contre-cœur, que ce genre de provision était réduit à moins de la moitié de ce que nous avions originairement réservé pour notre excursion vers la mer. M. King et moi nous nous contentions d'une demi-livre par jour; mais nos hommes, qui travaillaient beaucoup, ne pouvaient se réduire à moins d'une livre trois quarts; et encore était-ce pour eux une fort maigre ration. Néanmoins ces braves gens, et surtout ceux de l'artillerie, loin d'en concevoir de mauvaise humeur, se montraient toujours gais et satisfaits. Je mettais, il est vrai, tous mes soins à les maintenir dans ces bonnes dispositions, soit en les traitant avec la plus grande douceur, soit par la religieuse observance des jours de repos où on lisait le le service divin en anglais et en français, et par la création de plusieurs cours à leur usage durant les soirées.

Nous avons vu le therm. à 70° au-dessous de zéro (− 56°, 7. C.); en ce temps l'aurore boréale fut brillante. — Quelques expériences sur les effets et l'intensité du froid nous ont donné les résultats suivants :

Le thermom. étant à 62 *minùs* (—52°,2. C.), une bouteille carrée d'éther sulfurique de six onces (170 gram.), avec un bouchon usé à l'éméri, fut tiré de la boîte de pharmacie, exactement empaquetée, comme elle l'avait été dans la pharmacie centrale (Apothecarie's-Hall), le bouchon en bas, et exposée immédiatement au-dessous du thermomètre indicateur sur la glace. En quinze minutes la partie supérieure de la surface intérieure de la bouteille fut revêtue d'une couche de glace, et le fond se couvrit d'une épaisse efflorescence, tandis que la liqueur prit une teinte visqueuse et opaque; après une heure d'exposition à l'air, durant laquelle la température était remontée à 60° *minùs* (—51°, 1. C.), il ne survint aucun changement, sauf que M. King et moi crûmes en trouver la liqueur plus opaque. Soigneusement transportée dans la maison, et placée sur la table à quatre pieds et demi du feu (1^m,37), à une température de 32° *plus* (0°,0. C.), la liqueur ne recouvra sa limpidité primitive qu'après 44 minutes.

Une bouteille d'éther nitrique, de dimensions semblables à celle de l'éther sulfurique, ne devint visqueuse qu'après deux heures d'exposition, la température ayant varié dans l'intervalle de 60° à 56° *minùs* (51°,1 à 49°,0. C.) : Un *drachm* et demi (2,65 gram.) d'éther sulfurique fut placé dans une bouteille d'une once et demie de capacité (52,5 gram.), avec un bouchon de verre; quand la liqueur fut devenue visqueuse, on enleva le bouchon et on présenta à l'orifice un papier allumé qui s'enflamma avec explosion et la sortie de gaz. L'expérience fut répétée; l'inflammation n'eut lieu qu'au contact du liquide, mais avec une semblable explosion.

Une petite bouteille d'acide pyroligneux se congela en moins de 30 minutes, par une température de 57° *minùs* (— 49°, 4. C.); il en arriva autant à une même quantité d'eau et d'esprit-de-vin rectifié, mélangés, soit dans le rapport de 2 à 1, soit en parties égales.

Un mélange de deux parties d'esprit bien pur et d'une partie d'eau, se congela dans la glace en trois heures par une température de

65° à 61° *minùs* (— 54°, 0 à 51°, 6. C.) dans le même espace de temps, un autre mélange de quatre parties d'esprit et d'une partie d'eau devint visqueux. De l'éther nitrique exposé toute la nuit dans une bouteille, devint trouble; des bulles s'y élevaient lentement et avec difficulté, la température moyenne étant à 70° *minùs* (— 56°, 7. C.), le 17 janvier à 6 heures avant midi.

Du mercure, présentant une surface de quatre pouces (2°, 58 cent. carr.), fut exposé à un froid de 57° *minùs* (—49°, 4. C.) et fut solidifié en deux heures.

Le 4 février, nous éprouvâmes un froid de 60° *minùs* (—51°, 1. C.), accompagné d'une brise fraîche qui le rendit insupportable. Telle était l'absence de la chaleur, qu'avec huit grosses bûches de bois sec dans le foyer d'une petite chambre, nous ne pûmes faire monter le thermomètre au-dessus de 12° *plus* (— 11°, 1. C.). L'encre et la peinture gelaient. J'essayai de finir une esquisse en plaçant la table aussi près du feu qu'il me fut possible, de le supporter ; mais de petites particules brillantes à l'extrémité du pinceau, et des traces d'écorchure sur le papier, me convainquirent de l'inutilité de mes efforts. Les étuis des sextants et les boîtes de bois sec, surtout celles de sapin, se fendirent.

Nous souffrions nous-mêmes beaucoup. La peau, et particulièrement celle des mains, se déchirait ; il s'y formait des crevasses cuisantes et hideuses à voir, qu'il fallait continuellement oindre de graisse. Un jour, après m'être lavé la figure à trois pieds du feu, l'eau se congela subitement sur mes cheveux avant que j'eusse eu le temps de m'essuyer.

D'après les faits qui précèdent, on peut se faire une faible idée du froid excessif auquel nous étions exposés. Il avait chassé loin de ces lieux tout être vivant ; quelques perdrix blanches, après avoir long-temps résisté, finirent par disparaître. Une fois seulement, un corbeau, dont les croassemens me firent accourir, tourna autour de la maison, mais il reprit bien vite son vol vers l'ouest. Les sifflements du vent qui passait brisaient seuls la solitude solennelle de cette terre stérile et désolée !

9 février. — La monotonie de nos habitudes fut rompue par l'agréable retour de M. Mac-Leod, qui précédait une troupe d'hommes chargés de viande. Le froid l'avait visiblement changé ; la gelée l'avait atteint en sept endroits du corps. Il venait de traverser un grand lac découvert, où, des quatorze Indiens qui l'accompagnaient, pas un seul n'avait échappé à de semblables atteintes. Ceux-ci se plaignaient douloureusement, et comparaient la sensation qu'ils éprouvaient en touchant leurs fusils à celle du contact d'un morceau de fer rouge ; cette douleur était si cruelle, qu'ils avaient garni l'acier de leurs armes de bandes de cuir pour préserver leurs doigts du contact du métal.

Ils nous apprirent que le daim était assez abondant, mais si timide, qu'on en tuait fort peu; que d'ailleurs il côtoyait la lisière des régions occidentales, à quatorze jours de marche de l'habitation. Les Indiens n'avaient plus que souffrances à attendre partout où ils allaient; les forêts ne pouvaient leur fournir d'abri, ni la terre de nourriture; enfin « la famine, avec son bras osseux et décharné, » les poursuivait sans relâche, et, brisant leur énergie, les jetait sans vie sur la neige glacée. Neuf d'entre eux avaient déjà succombé; d'autres n'avaient été arrachés à la mort que par l'intervention de M. Mac-Leod, qui avait contraint un Chipewyan à rejoindre sa femme et ses enfants, que le monstre dénaturé avait abandonnés. M. Mac-Leod fut moins heureux dans une autre circonstance, où deux Indiens de la même tribu abandonnèrent un de leurs parents infirme, qu'on trouva mort de faim dans les bois.

Pour juger avec équité cet abandon des vieillards et des malades de la part des chasseurs bien portants et dans la force de l'âge, il faut cependant tenir compte des circonstances particulières où se trouvent ceux-ci ; car, pour suivre les émigrations du gibier qui constitue leur seule nourriture, non seulement cet acte devient indispensable aux chasseurs eux-mêmes, mais encore à toute la tribu. Un sauvage infirme, malade, outre son inutilité, n'est qu'une entrave à l'activité des autres. D'après cela, doit-on être étonné que, pressés par la faim et par la nécessité de la chasse, les Indiens abandonnent à la Providence les infortunés que la vieillesse ou les infirmités accablent ? Il est vrai qu'ils commettent souvent des atrocités pour lesquelles malheureusement on ne saurait trouver d'excuse. Pendant nos courses dans le pays, nous entendîmes raconter plusieurs faits de ce genre qui s'étaient passés chez les Indiens : ils sont si horribles, qu'on n'ose les répéter. M. Charles, le facteur dont j'ai déjà parlé, nous en rapporta un dont il avait presque été témoin ; malgré l'effroi et le dégoût que ce récit inspire, je le crois utile pour montrer le degré d'atrocité que l'homme sauvage peut atteindre, lorsque la faim le presse.

Un Indien Cree, nommé Pepper, qui avait long-temps habité les environs de Chipewyan en qualité de chasseur, arriva au Fort au mois de novembre 1832, après une absence de quelque temps; lorsqu'il eut allumé sa pipe, il se mit à raconter les calamités dont il venait d'être accablé pendant l'hiver. Après avoir décrit les horreurs de la famine au milieu des forêts désertes et ses efforts inutiles pour les éviter, il ajouta qu'à la fin épuisée par la faim et le froid, sa femme, la mère de ses enfants, était tombée dans un engourdissement que la mort avait terminé; que sa fille n'avait pas tardé à la rejoindre, et que deux fils, dans la fleur de l'âge, qui lui promettaient un soutien pour sa vieillesse, avaient aussi péri! Les enfants en bas âge qui lui restaient, trop faibles pour résister à tant de souffrances, s'étaient endormis près de leurs frères dans le sommeil de la mort malgré tous ses soins à les nourrir des rognures de leurs vêtements. « Que pouvais-je faire? » s'écria-t-il alors avec un regard égaré qui faisait dresser les cheveux sur la tête; « pouvais-je implorer le Grand-Esprit? — pouvais-je demeurer à voir mes forces dépérir? Non! non! — Un seul enfant me restait. — Je le pris avec moi, et je courus chercher du secours. — Mais, hélas! les bois étaient silencieux....... et quel profond silence! — Enfin, je suis venu ici. »

L'enfant dont il parlait, âgé de onze ans environ, n'avait cessé, durant le récit, de contempler d'un œil fixe le feu près duquel il était assis; et quand tout fut terminé, il semblait écouter encore comme s'il attendait de nouveaux détails. A la voix de son père, qui lui demandait une braise pour rallumer sa pipe à moitié consumée, il tressaillit d'abord, puis il retomba dans son état morne et hébété.

Pas un mot, pas un geste n'avait échappé aux oreilles attentives ni aux yeux perçants de quelques Indiens de sa tribu arrivés au moment où le père avait commencé à parler; jamais homme n'avait été plus patiemment écouté, et ses gémissements avaient seuls interrompu les longues pauses dont il avait entrecoupé son récit. Mais, lorsqu'il eut terminé, un murmure sourd s'éleva parmi le groupe des Indiens. Un de la troupe prit la parole d'un ton lugubre; il parla bas en commençant, puis, élevant peu à peu la voix avec la véhémence d'un homme fortement impressionné, il finit par dénoncer l'Indien comme assassin et cannibale. L'accusé, surpris, hésita quelques instants; puis, tirant machinalement des bouffées de sa pipe totalement consumée, il nia le fait avec un calme effrayant.

Mais, dès cet instant, son animation disparut, et son agitation lorsque son fils s'éloignait un instant trahissait une conscience coupable. Il ne pouvait soutenir en face le regard de ses compagnons.

Ceux-ci, ayant reconnu la tourmente intérieure qui l'agitait, s'éloignèrent de lui comme d'un reptile venimeux, et, ayant obtenu les articles dont ils avaient besoin, ils poursuivirent leur chasse.

L'Indien coupable rôda autour du fort pendant quelque temps; puis enfin, suivi de son fils, il s'éloigna d'un air sombre.

Mais, telles sont les voies mystérieuses de la Providence! au lieu de chercher un lieu solitaire où son crime pût rester ignoré et son existence couler tranquille, il retourna à la cabane de ceux-là mêmes qui le fuyaient et qui l'avaient flétri des noms d'assassin et de cannibale.

On lui accorda l'hospitalité qu'il demandait; mais le dégoût instinctif, mêlé des craintes que sa vue inspirait, déterminèrent enfin les Indiens à le prier de partir; après une légère hésitation, non seulement il refusa de s'en aller, mais, prenant un ton de défi, il proféra de telles menaces, que la patience des Indiens fut poussée à bout; ils l'abattirent sur-le-champ à coups de fusil.

Plusieurs avaient fait feu; le fils fut blessé au bras, et se réfugia derrière un arbre, où, implorant miséricorde, il promit de raconter tout ce qu'il avait vu. On céda à ses prières, et il donna les détails les plus affreux sur le délibéré cannibale dont on venait de faire justice. Le monstre avait en effet assassiné sa femme et ses enfants pour se repaître ensuite de leurs cadavres palpitants. Le jeune enfant n'avait échappé à la cruauté de son père ni par pitié, ni par affection, mais par suite de leur heureuse arrivée au fort; vingt-quatre heures plus tard, son arrêt de mort été aurait prononcé.

CHAPITRE VIII.

Conduite exemplaire d'Akaitcho. — Départ de M. Mac-Leod et de sa famille. — Arrivée de Maufelly,—Nous recevons une provision de chair de daim. — Mésintelligence entre Akaitcho et l'interprète. — Préparatifs pour la construction de deux bateaux. — Conduite étrange de deux Indiens. — Nouvelle provision de vivres. — Détresse de M. Mac-Leod. — Retour de M. King et de sa troupe. — Nouvelles de la factorerie d'York. — On ne sait ce qu'est devenu Augustus. — Apparition de deux corbeaux. — Nouvelles d'Angleterre. — On congédie trois hommes. — Je change mes plans. — Quelques oiseaux reviennent. — Aventures de M. King. — Arrivée de M. Mac-Leod. — Inquiétudes sur Williamson. — Chaleur étouffante. — Triste sort d'Augustus.

Pendant cette période d'horribles souffrances et de calamités en tout genre, Akaitcho se montra dévoué à l'expédition. Chaque matin, au point du jour, il se préparait à la chasse, et, ne pouvant échapper aux souffrances, il cherchait au moins à les alléger en se raidissant contre elles, et en relevant par son exemple le courage des siens.

Jeunes ou vieux, Indiens de toute condition, tous se plaignaient à lui, et quelques uns d'entre eux se seraient abandonnés à notre égard à l'influence de leurs funestes superstitions, si ce chef ne les eût retenus par ses paroles et par son énergie. « Oui, cela est vrai, répondit-il une fois à l'un de ses compagnons : les Couteaux-Jaunes et les Chipewyans, que je regarde comme ne formant qu'une seule nation, ont souffert bien des rigueurs en cet hiver. Hélas! combien y en a-t-il qui sont allés dormir avec nos pères! Mais le Grand-Chef s'est confié à nous, et il vaut mieux que dix Indiens périssent, plutôt qu'un seul homme blanc ait à souffrir par notre négligence et par notre manque de foi. »

D'après les renseignements précédents sur la station de pêche, je savais qu'il ne fallait pas compter sur le moindre secours de ce côté. Dans cette conjoncture critique, je me décidai à effectuer une réduction sur le personnel de notre établissement. J'eus la satisfaction de voir que M. Mac-Leod partagea mon opinion, bien que cette mesure atteignît particulièrement sa propre famille. Il nous offrit alors de se retirer avec elle dans un endroit situé à moitié chemin entre le fort et les Indiens; ne doutant nullement que ces derniers ne l'approvisionnassent de viande et que le lac ne lui fournît du poisson. Avant de nous séparer, sa fille, une charmante enfant de six ans, me rappela que je lui avais promis d'ouvrir la *boîte à fer-blanc* (comme elle l'appelait), au retour de son père. En conséquence, nous procédâmes à l'ouverture de ce trésor, et elle ne fut pas seule à se réjouir à la vue d'un énorme et excellent *plum-pudding* qui figura au dîner, et auquel nous ne fîmes pas moins honneur que les enfants. On porta de grand cœur la santé de notre belle compatriote, madame Maxwell (1), à la gracieuseté de qui nous devions cette précieuse conserve.

(1) La femme du capitaine Maxwell, avec qui nous avons fait la traversée de l'Atlantique.

M. Mac-Leod, pendant son absence, avait beaucoup souffert de la disette; il était resté des journées entières sans manger; mais, indomptable devant la fatigue qu'il regardait comme une des charges de sa fonction, il nous quitta avec sa famille et deux hommes, malgré un froid excessif, le 14 février vers midi. La conviction profonde où j'étais de la nécessité de cette mesure pour l'accomplissement de ma mission, avait pu seule me faire consentir à exposer des enfants aux chances d'un voyage pénible dans une saison si cruelle. Mais, d'après toutes les précautions qui furent prises pour prévenir les accidents, j'eus l'espérance qu'ils arriveraient sains et saufs au lieu de leur destination.

Les désastres imprévus qui avaient frappé ces contrées me firent concevoir de justes inquiétudes sur mon ancien compagnon, Maufelly, qui, suivi d'un petit détachement, s'était rendu vers le sud-est; son absence durait depuis plusieurs mois; nous n'en recevions aucune nouvelle, et il avait promis d'être rendu.

si toutefois il vivait encore, au Fort-Reliance dans le mois de janvier. Mais nous fûmes heureusement délivrés de nos inquiétudes par l'arrivée de cet Indien, qui, d'un air mélancolique, nous fit le récit des dangers auxquels il n'avait échappé que par miracle. « On ne voyait pas vestige d'animaux, dit-il, excepté dans une région éloignée, au voisinage des eaux méridionales du Thê-Lew, mais nous ne pouvions y aller. » Il avait donc été réduit à errer dans la contrée, mourant de faim et d'épuisement, lorsque la présence de quelques daims égarés et traînards avaient ranimé son courage. Sa mine contrite nous fit croire d'abord que cette heureuse rencontre lui avait été peu profitable et que ses forces n'étaient pas encore rétablies; mais, en l'examinant de plus près, nous reconnûmes que le gaillard se trouvait en meilleur état qu'il ne voulait nous le faire croire. Jamais un naturel n'avoue du premier coup tout ce qu'il sait et tout ce qu'il peut dire; lors donc que le temps nécessaire à l'étiquette indienne fut écoulé,

Maufelly ajouta très tranquillement « qu'il avait mis en réserve pour nous cinq daims à deux jours de marche de notre habitation. »

Cette bonne aubaine nous fit entrevoir enfin l'approche de temps meilleurs. Nous dépêchâmes aussitôt trois hommes, afin qu'ils nous apportassent, le plus qu'ils pourraient, de ce précieux dépôt ; il ne resta que mon domestique au fort. M. King prêta son secours pour aller querir du bois, tandis que de mon côté je me rendis aussi utile que possible. Les trois hommes, n'ayant pas de chaussure convenable, furent obligés, pour passer sur la neige épaisse qui comblait les vallées et les ravins des montagnes, de ramper sur leurs mains et sur leurs genoux. Ils gagnèrent ainsi, avec la plus grande peine, la cabane des Indiens, dont la gaieté, excitée par les chutes de nos envoyés qui glissaient ou disparaissaient sous la neige, se manifestait par de longues et bruyantes acclamations. Cependant, l'accueil de ceux-là fut très gracieux; ils fêtèrent la bienvenue de nos gens.

dans leur modeste demeure, par une chaudière de viande préparée, et les munirent de souliers à neige pour le retour. Nous savourâmes avec délices la viande fraîche que ces Indiens nous envoyaient : c'était la première que nous eussions goûtée depuis trois mois.

Le 23 février, plusieurs de nos gens arrivèrent aussi, après quatorze jours de marche, avec une petite quantité de viande à moitié sèche. Durant leur voyage, ils étaient demeurés trois jours entiers sans manger. Ils nous apprirent aussi la difficulté que M. Mac-Leod éprouvait pour se procurer du poisson; mais ils ajoutaient que deux des meilleurs hommes allaient sur le lac, de place en place, pour en chercher, et finiraient par s'en procurer.

Ils nous firent part, en même temps, de la mésintelligence qui avait éclaté entre l'interprète et Akaitcho, à la suite de laquelle ce dernier aurait déclaré vouloir cesser ses relations avec nous. Dans notre position, il ne pouvait rien nous arriver de plus fâcheux qu'une semblable résolution: indépendamment du danger auquel elle exposait la vie de ceux qui s'étaient engagés dans l'expédition, elle nous était surtout funeste en nous privant des secours que j'espérais recevoir des Indiens au printemps, pour le transport de nos provisions et de nos gros bagages, vers les sources du Thlew-ee-Choh; en un mot, elle paralysait nos efforts et ajournait la réalisation du but intéressant de notre entreprise.

Quelque grande que fût mon inquiétude à ce sujet, je conservais l'espérance que, par l'influence de M. Mac-Leod, on parviendrait peut-être à ramener ce chef inconstant à ses anciennes dispositions amicales.

L'état précaire où nous nous trouvions quant à nos moyens de subsistance, et nos désappointements continuels, avaient modifié ou détruit la plupart de mes plans. Ainsi, par exemple, nous ne nous étions pas encore trouvés en situation convenable pour préparer les matériaux nécessaires à la construction des deux légers bateaux destinés à descendre le Thlew-ee-

Choh; mais il n'était plus possible de tarder davantage. En conséquence, deux charpentiers et le pilote Sinclair se rendirent au massif de pins que De Charlôit avait découvert au mois de septembre dernier, afin de préparer le bois pour les embarcations.

Lorsque le temps se fut adouci, un de nos chasseurs nous apporta un peu de viande; j'en attendais de jour en jour une assez grande provision de la part de M. Mac-Leod; mais, comme si un arrêt du destin nous eût condamnés à ne rencontrer qu'obstacles et soucis, M. Mac-Leod nous fit prévenir que, loin d'être en état de nous assister, il ne pouvait lui-même se procurer ni poisson, ni viande, et qu'il avait été obligé, en dernière ressource, d'expédier les hommes à une autre station de pêche, sous la conduite de Mac-Kay. En faisant ce trajet, les pauvres gens étaient demeurés trois jours sans manger.

Sur ces entrefaites, il nous arriva au fort deux jeunes Indiens qui paraissaient n'avoir d'autre but que de se procurer des munitions. Ils virent fort bien que nos magasins à vivres étaient absolument vides, et que nous avions dû souffrir beaucoup ; mais aux questions réitérées que nous leur adressions sur le succès de leur chasse, ils nous répondaient, d'un air indifférent : *Etthen óólah.* « Il n'y a pas de daims. » Nous leur donnâmes ce qu'ils demandaient, et nous les engageâmes à poursuivre activement le gibier, mais ils répondaient toujours ; « *Etthen óólah táhoutai*, » puis ils se mirent à musarter fort tranquillement autour de l'habitation, ou à s'allonger nonchalamment devant le feu. Pendant deux jours ils menèrent cette vie, sans manger autre chose que les misérables bribes de nos repas. Or, après ce temps, Maufelly arriva avec une charge de viande ; ce que nos deux Indiens n'eurent pas plus tôt aperçu, que tirant quinze langues de daims d'un sac qu'ils avaient soigneusement dérobé à nos regards, ils les posèrent sur la table sans nous donner la moindre explication. Aux vifs reproches que nous leur adressâmes, sur une conduite aussi singulière, ils répétèrent de nouveau, nonchalamment « etthen ôôlah, etthen tâhoutai. » Nous vîmes, d'après leur réserve de langues, qu'ils avaient beaucoup de daims en *cache*.

Dans l'espérance de recevoir désormais régulièrement des provisions de plusieurs côtés, je ne craignis plus d'accroître le nombre des habitants du fort, et je fis venir immédiatement quatre hommes de la station de pêche, pour aider au transport du gibier des *caches*. Mais, avant leur arrivée, les Indiens sur qui je comptais me prévinrent que le gibier avait disparu sans qu'on sût où il s'était réfugié : que du reste ils allaient se mettre en quête, et s'engageaient à nous fournir de la viande, dès qu'ils auraient retrouvé les animaux dispersés.

13 mars. — Les hommes que j'avais demandés arrivèrent; ils s'étaient trouvés réduits à un poisson par jour; mais je n'avais pas le loisir de m'apitoyer sur les privations qu'ils venaient d'endurer, et, vu l'urgence des événements,

je les expédiai aussitôt avec M. King et ceux du fort Reliance pour traîner les ferrements et les planches préparées par les charpentiers jusqu'à une baie sur le bord occidental du lac de l'Artillerie, où je m'étais proposé de faire construire les bateaux.

Cette occupation devait durer quatre ou cinq jours, pendant lesquels j'espérais qu'il surviendrait quelque changement heureux. Mon attente ne fut point déçue. Le lendemain, un dimanche, comme nous jouissions de ce calme qu'on éprouve en sortant de l'office divin, les grognements d'un de nos chiens, trop faible pour se livrer à d'autres démonstrations, nous annoncèrent l'approche d'un pas étranger; en effet, le *vieux camarade de Mandeville* parut à la porte de la salle. Accoutumé à voir les Indiens les mains vides, je ne lui demandai seulement pas s'il nous apportait des vivres; mais, après m'avoir dit en français le *bonjour*, qu'il avait appris des habitants du Canada, comme tous les Indiens, il s'écria : « Vous n'avez donc pas de provisions? — *Tiens!* les chiens les ont-ils mangées? » et, ouvrant la porte, il me combla de joie et d'étonnement en me montrant un jeune Indien, appuyé sur son fusil, près de deux traîneaux de viande sèche, que le *Camarade* et lui avaient mis cinq jours de marche pour nous apporter de leurs huttes.

Le jour suivant, je reçus encore des provisions de la part de M. Mac-Leod, qui cependant vivait, lui et sa famille, dans les plus cruelles privations, entouré du douloureux spectacle de la souffrance et de la mort. Six naturels de l'un et de l'autre sexe venaient de succomber sous les horreurs de la famine; les filets n'avaient rien donné.— Akaitcho, sur qui M. Mac-Leod fondait son espoir (car le vieux chef n'avait point donné suite à ses menaces), se trouvait éloigné encore de douze jours de marche, et, malgré cette grande distance, il avait dépêché quelques vigoureux chasseurs avec une charge de viande dont ce que nous recevions était une partie. La position de M. Mac-

Leod était fort embarrassante; j'obtins de lui cependant qu'il fît encore le sacrifice de se séparer de sa famille et de l'envoyer au Fort Résolution : demeuré seul, il pouvait quitter la pêcherie pour le moment et se rendre auprès des Indiens dont sa présence exciterait le courage.

Le 18 mars. — M. King et sa troupe revinrent du lac de l'Artillerie; après y avoir déposé les objets dont il était chargé, il avait laissé les charpentiers travaillant à la construction des bateaux.

Dans la soirée du 26, fort tard, il arriva au Fort un messager de la factorerie d'York avec un paquet que nous attendions de jour en jour depuis six semaines. Le bonheur que nous éprouvâmes peut être apprécié seulement par ceux qui, jetés comme nous hors des pays civilisés, ont enfin reçu après une longue année d'absence des nouvelles de ceux qui leur sont chers.

Mais nous commencions à peine à nous réjouir, que notre satisfaction fut troublée. Le messager nous dit que l'autre moitié du paquet était partie du Fort-Résolution, un mois auparavant, confiée à un Canadien et à un Iroquois qui devaient nous la transmettre. L'interprète esquimaux, Augustus, mon ancien compagnon, s'était réuni à eux; car, dès qu'il avait appris mon arrivée dans le pays, il avait quitté la baie d'Hudson pour venir me joindre; mais ces trois hommes, parlant chacun un langage différent, ne purent se communiquer leurs idées; ils s'égarèrent, et ce ne fut qu'au bout de dix-huit jours que les deux premiers, retournant sur leurs pas, retrouvèrent le chemin du Fort; Augustus n'avait point voulu les suivre malgré toutes leurs sollicitations. Mes lettres, en me confirmant le récit du messager, m'apprenaient en outre que ce pauvre Augustus n'avait emporté avec lui que dix livres de pemmican, sans même se munir de fusil, d'arc, ni de flèches.

Trois jours après la réception de cette triste nouvelle, un de mes anciens hommes, guidé par un Indien, m'apporta le reste du paquet.

M. Mac-Donnel, directeur du Fort-Résolution, m'envoyait dire qu'aussitôt l'arrivée du Canadien et de l'Iroquois, il avait expédié deux autres Iroquois, bien approvisionnés, sur les traces d'Augustus avec l'ordre de le conduire près de nous. Mais, au bout de dix-huit jours, ces envoyés étaient encore revenus au Fort, disant à M. Mac-Donnel comme les premiers, qu'après s'être égarés, ils s'étaient vus contraints, leurs vivres une fois épuisés, de revenir sur leurs pas. Un Indien, qui se trouvait alors au Fort, avait bien voulu servir de guide au porteur du présent paquet; et, ajoutait M. Mac-Donnel, « j'espère qu'enfin vous le recevrez sans accident; mais je crains qu'Augustus ne soit mort de faim. » — Quoique les compagnons de celui-ci eussent ajouté qu'ils avaient entendu des coups de fusil dans la direction où ils l'avaient quitté, et que peut-être il avait rencontré des Indiens, je ne conservai qu'une faible espérance. Je fis circuler ce fait, autant qu'il fut en mon pouvoir, parmi les tribus indiennes, bien qu'elles se rendissent malheureusement trop loin du lieu où Augustus pouvait être; j'offris une récompense illimitée à ceux qui le trouveraient et le ramèneraient.

L'ardeur et le courage de ce bon Esquimaux qui avait voulu se hasarder avec nous au milieu des périls de notre expédition, son vif attachement pour moi et cette mort terrible et prématurée, triste récompense de son dévouement, m'attristèrent long-temps et me jetèrent dans de profondes et pénibles réflexions.

Les lettres de la factorerie d'York nous apprenaient que deux navires de la compagnie avaient été forcés de passer l'hiver dans la baie, l'un à Churchill et l'autre à l'île Charlton. Cela était dû, disait-on, à la grande quantité de glaces flottantes qui bloquaient le détroit d'Hudson et barraient toutes les communications avec l'Atlantique. Mais on ajoutait que cela ne contrarierait en rien notre expédition, car nos lettres pour l'Angleterre avaient été expédiées par le Canada, en sorte que toutes mes demandes seraient ponctuellement exécutées.

20 avril. — Pendant la dernière quinzaine, deux corbeaux vinrent animer de leur présence notre demeure solitaire; d'après ma défense expresse de leur faire le moindre mal, ils devinrent si familiers qu'à peine s'éloignaient-ils de dix pas à notre approche. C'étaient les seuls êtres vivants avec lesquels nous fussions en relation, et on avait plaisir à les voir s'ébattre sur la neige, dont l'éclatante blancheur faisait ressortir leur plumage noir et lustré. Malheureusement, un détachement de nos hommes arriva pendant la nuit. Un Iroquois, qui s'y trouvait, aperçut les deux corbeaux, et, ignorant ma défense, ne put résister à l'envie de leur tirer un coup de fusil; il les tua. En toute autre occasion, cet événement eût été trop insignifiant pour être raconté, mais ici ces corbeaux formaient le seul chaînon vivant qui nous rattachât à la nature déserte et silencieuse dont

nous étions enveloppés; leur perte fut un véritable chagrin; c'était en outre une sorte de trahison pour ces pauvres oiseaux habitués à nous considérer comme leurs amis. On souffrait volontiers leurs petits larcins; et leurs croassements aigus, si fatigants ailleurs, interrompaient ici la monotonie du silence.

25 avril. — C'était l'anniversaire de notre départ du village de la Chine. Nous nous entretenions, pour la centième fois, de ceux qui étaient venus de si loin pour nous voir ce jour-là, lorsque nous entendîmes un violent coup frappé à notre porte, et nous vîmes aussitôt entrer un individu tout essoufflé, qui sans perdre un instant arriva droit à moi et me remit un paquet que je reconnus pour venir d'Angleterre. « Il est de retour, monsieur, dit ce messager, pendant que nous le considérions avec étonnement. — Qui? Augustus? Dieu soit loué! m'écriai-je. — Non; le capitaine Ross, monsieur. — Le capitaine Ross est de retour? Est-

ce possible? Comment le sait-on? » Le messager fit une pause et me regarda, puis, me montrant du doigt le paquet, il dit : « Ouvrez, monsieur. » En effet, dans le débordement de mes émotions j'avais oublié le paquet. Il contenait deux articles du *Times* et du *Herald*, qui confirmaient la nouvelle ; mes lettres officielles, jointes à celles de quelques individus qui accompagnaient le capitaine Ross, et d'autres du capitaine Maconochie, de M. Garry, du gouverneur Simpson et de plusieurs amis anglais et américains, ne me laissaient plus aucun doute sur la réalité du fait, et me montraient en outre le puissant intérêt que ce miraculeux retour avait éveillé dans le public. Cette nouvelle me fit d'autant plus de plaisir, que non seulement elle confirmait les opinions que j'ai déjà exprimées, mais encore rendait plus évidente la sagesse des promoteurs de notre expédition, qu'en un mot, elle ôtait à la nation britannique cette réputation d'indifférence dont elle est si loin de mériter le reproche. Dans la plénitude de notre joie, nous rendîmes tous ensemble grâce à la divine Providence qui, dans les consolantes promesses de l'Ecriture sainte, nous répète souvent qu'elle veille sur nous et qu'elle peut nous ramener à la lumière, fussions-nous ensevelis dans les plus profonds abîmes de la mer.

La pensée d'une délivrance aussi merveilleuse avait absorbé toutes nos autres facultés. Nous étions sur le point de déjeûner, mais nous avions perdu l'appétit, et durant tout le jour nous demeurâmes dans un état d'excitation fébrile. — M. King et moi nous nous permettions rarement de nous écarter de cette sévère économie que commandait la prudence, mais ici nous la mîmes de côté, et après avoir distribué une régalade à nos hommes, nous célébrâmes tous deux notre joie par un grand bol de punch.

5 mai. — David Williamson de l'Artillerie royale et deux autres hommes furent libérés du service; le premier, à cause de sa mauvaise santé,

et les autres d'après leurs propres demandes. Nous les chargeâmes de lettres pour l'Angleterre. Il dégelait alors : la verdure et les parties saillantes des rochers devenaient de plus en plus visibles. — Je reçus peu de temps après une lettre de Mac-Leod, relative à la négligence qu'avaient mise Akaitcho et sa troupe à nous fournir des provisions. Il soupçonnait que ce chef avait été sollicité par les siens de donner une autre destination à une partie des produits de sa chasse. Une portion de viande, il est vrai, avait été détournée et confiée à un Indien libre, mais celui-ci en avait très peu pris, et ce n'était sans doute qu'un prétexte dont se servait Akaitcho pour déguiser les petites infidélités dont nous le soupçonnions. Un mois plus tôt, ces nouvelles m'auraient causé un grand chagrin; mais, maintenant que je savais le capitaine Ross en sûreté, elles me contrariaient beaucoup moins. Je me décidai alors à longer la côte de la mer avec un seul bateau au lieu de deux, choisissant les meilleurs hommes de l'équipage pour m'accompagner. C'était le seul moyen qui me permît d'exécuter mes plans et de répondre à l'attente du public; l'ardeur qui nous animait naguère pour atteindre un but maintenant réalisé sans nous, avait beaucoup diminué, quoique encore fortement exaltée par l'amour des découvertes. Les provisions que nous avions mises en réserve pouvaient suffire à dix personnes, pour trois mois. Le petit nombre des individus que je devais prendre avec moi se trouvait compensé par les qualités supérieures de chacun d'eux ; c'étaient des *voyageurs* expérimentés, bons chasseurs et tous également solides dans les situations périlleuses. Avec un tel équipage, il n'y avait point lieu de craindre les obstacles du voyage, quelque hasardeux qu'il fût de se lancer avec un seul bateau sur les eaux inhospitalières de la mer Arctique.

Les hommes furent employés à traîner le pemmican et les bagages au lac de l'Artillerie, où les charpentiers avaient achevé un bateau et étaient à la moitié du second; celui-ci maintenant nous devenant inutile, allait être d'un grand secours à M. Mac-Leod pour accomplir les instructions que je me proposai de lui laisser durant notre absence. Je lui écrivis aussitôt d'engager quelques jeunes Indiens pour transporter chacun un sac, ou 90 livres (40,8. kilog.) de pemmican, jusqu'au Thlew-ee-Choh. (Distance directe, 115 milles.)

13 mai. — Une oie, avant-coureur de l'été, rasa notre habitation; peu après elle fut suivie de cinq autres qui, comme la première, se dirigeaient vers le nord. En 1826, au fort Franklin, cette apparition avait eu lieu six jours plus tôt, quoique sous une plus haute latitude.—Le soir nous aperçûmes une mouche et un essaim de petits oiseaux; enfin, pendant les trois jours suivants, nous vîmes des goélands, des loriots, des gros-becs, des jambes-jaunes, des rouge-gorges et des papillons.

Deux ou trois espèces de canards sauvages se réfugièrent dans un petit marais situé derrière notre habitation, M. King en prit plusieurs. Or, un jour, comme il venait d'abattre un de ces oiseaux, son attention fut attirée par quelques autres canards qui se jouaient sur un étang voisin; laissant là sa proie, il se traîna vers eux dans l'espoir de s'emparer d'un beau mâle. Il s'enfonçait déjà dans l'eau, lorsqu'il entendit au-dessus de sa tête un bruit assourdissant. C'était un grand aigle à tête blanche, les ailes étendues, qui fondait avec la rapidité de l'éclair sur le canard tué en premier lieu. M. King, voulant à la fois posséder l'aigle et garder son gibier, renonça au dernier qu'il venait de blesser, et, sans se donner le temps de mettre ses culottes, il franchit rapidement des monceaux de neige endurcie, semés dans le marais; mais il arriva juste au moment où l'oiseau maraudeur s'éloignait en toute hâte avec le canard qu'il tenait dans ses serres.

Lorsqu'il eut perdu l'aigle de vue, M. King retourna sur ses pas, et posant son fusil dans un endroit sec, il se remit à poursuivre son mâle blessé qui, au lieu de fuir, demeurait immobile comme s'il était résigné à son sort. Mais, à mesure que M. King approchait, l'animal se glissait adroitement dans de petits recoins et détours, comme s'il eût été pilote de ces lieux. Plusieurs fois M. King allongea sa main pour le saisir, sans y réussir; enfin, après beaucoup de peines, il parvint à le bloquer dans un endroit où la fuite paraissait impossible; et, comme il se baissait pour le prendre avec précaution afin de ne pas gâter son plumage, qu'il se proposait de conserver comme *specimen*, le canard regarda autour de lui, et, poussant son cri ordinaire *quack!* il s'enfuit à tire d'aile, au grand étonnement de M. King, qui douta alors de l'avoir réellement blessé. Le dessein du canard semblait être d'amener son ennemi loin de sa compagne. Ces oiseaux, en effet, surtout dans certaines saisons, se montrent si attachés entre eux, que, s'il y en a un d'atteint, il se traîne vers le chasseur en poussant des cris de détresse jusqu'à ce que l'autre soit sauvé ou enfui. Souvent, plutôt que de s'envoler, ils plongent pour éviter le chasseur. Nous avons chassé un canard qui essuya ainsi cinq coups de feu consécutifs.

18 mai. — On voyait des chatons de saules d'un demi-pouce de long, et la neige disparaissait. Notre aimable compagnon, M. Mac-Leod, arriva le 25; il était cruellement trompé dans son attente relativement au gibier que les Indiens avaient promis d'envoyer dès les premiers beaux jours. Il avait trouvé les chasseurs dans un état pitoyable, et l'hiver finissait aussi mal qu'il avait commencé. Il me communiqua aussi les sérieuses inquiétudes dont il était tourmenté sur le sort de David Williamson, l'artilleur, congédié nouvellement. Il paraît que ce pauvre garçon avait quitté la station de pêche avec ses compagnons et deux Indiens pour guides; mais ne marchant pas très vite vu sa mauvaise santé, chargé en outre d'un bagage considérable à lui appartenant et dont une partie lui était cependant inutile, il était parti un jour le

premier; la route étant tout-à-fait directe, les autres comptaient le rattraper aisément, et s'étaient attardés au campement d'environ une heure. Connaissant son humeur bizarre, ils ne s'étaient point alarmés d'abord de ne le pas rencontrer de tout le jour, mais, lorsque vint le soir, ils commencèrent à concevoir de vives craintes; un des Indiens retourna sur ses pas pour se bien assurer que Williamson n'était point resté en arrière égaré parmi les îles; ses recherches étant infructueuses, il regagna sagement la station de pêche pour prévenir de cet accident. M. Mac-Leod le renvoya sur-le-champ avec un second Indien, avec ordre de faire les recherches les plus actives, leur promettant une forte récompense en cas de succès. Mais, après trois ou quatre jours d'absence, ils revinrent à la pêcherie avec la certitude que David ne s'était point arrêté entre leur dernier campement et les îles d'où l'on peut traverser à la côte du sud; au contraire, ils avaient cru reconnaître que William les avait dépassées et avait dû faire rapidement route jusqu'au Fort-Résolution; quant à moi, je doutais beaucoup; heureusement il nous restait la consolation de savoir qu'il avait un compas et des provisions suffisantes.

Vers la fin du mois la chaleur devint excessive; la température au soleil montait à 106° (41°,1. C.), ce qui faisait une très grande différence avec celle du 17 janvier, de 70° au-dessous de zéro (—56,7. C.). La neige avait totalement disparu, excepté celle qui était demeurée dans le fond des vallées étroites et profondes et au pied des précipices. Le Al-Hel-dessy, du côté de l'ouest, dégagé de ses entraves de glaces, offrait maintenant un chenal libre pour le portage de l'autre côté de l'habitation. Des loons, des mouettes et des canards se baignaient sur ses eaux, luttant à qui ferait le plus de bruit; peu après, de petits oiseaux agréablement nuancés voltigèrent autour de nous; puis ils disparurent subitement ainsi que les canards. Akaitcho, accompagné de trente hommes de sa tribu, arriva les mains vides; mais il fut bientôt suivi de deux jeunes Chipewyans qui nous apportaient un peu de viande sèche de la rivière Couteau-Jaune, où plusieurs de leurs compagnons avaient péri de besoin.

3 juin. — Tous les hommes de la station de pêche arrivèrent aussi avec la triste nouvelle que les deux Indiens avaient été jusqu'au fort Résolution sans pouvoir trouver la moindre trace du pauvre Williamson, qui, suivant leurs conjectures, avait dû s'égarer parmi les îles, ou bien avait été dans l'impossibilité d'allumer du feu pour indiquer sa position. Le corps d'Augustus avait été retrouvé non loin de la rivière, à Jean. Il paraît que ce pauvre jeune homme voulait retourner sur ses pas pour rejoindre l'établissement, lorsque, épuisé de faim et de fatigue, ou surpris par une de ces terribles tempêtes de neige dont les effets sont tels qu'ils renversent un homme de dessus ses jambes, il était tombé pour ne plus se relever. Telle fut la fin de ce bon Augustus, fidèle, dé-

voué, plein de cœur, qui par ses qualités s'était déjà attiré l'attention de sir John Franklin et du docteur Richardson, qualités qui, dans la plus basse comme dans la plus haute condition, font le charme et l'ornement de l'humanité.

Cette triste nouvelle, reçue la veille de notre départ, n'était pas de nature à l'égayer; mais, dans notre situation, nous devions toujours sacrifier aux nécessités du moment les douloureux souvenirs du passé, qui d'ailleurs s'absorbaient d'eux-mêmes dans nos occupations matérielles et obligées.

Le 5 juin, M. Mac-Leod, les Indiens et tous les hommes, excepté trois, quittèrent le fort. Il fut décidé que M. Mac-Leod, suivi d'une escorte choisie, nous devancerait pour chasser et nous faire des *caches* de viande tout le long de la route, afin de ménager notre pemmican; les autres Indiens, réunis à une partie de nos hommes, devaient aider au transport des bagages. Je gardai avec moi un Indien qui s'offrit à nous servir de guide; mais à peine eut-il perdu ses camarades de vue qu'il se prépara à partir avec l'intention de les suivre. Ce caprice était dû à ce qu'il se méfiait de la conduite de sa jeune femme, alors dans la partie du nord. Je le menaçai de le congédier totalement du service, et cette menace suffit pour le détourner de son projet. — Nous usâmes de tous les moyens possibles pour engager plusieurs familles indiennes à demeurer dans l'établissement pendant l'absence de M. Mac-Leod afin d'en prendre soin. Mais aucune tentation ne fut assez puissante, même sur les plus pauvres, pour les décider à accepter une aussi dangereuse charge; ils s'accordaient tous à déclarer qu'il leur serait impossible de s'y procurer de la nourriture pendant cette saison de l'année. On ne peut donner une preuve plus convaincante de la pauvreté du pays, car les Naturels s'exposeraient à toutes sortes de maux pour obtenir leur tabac favori, des munitions et des vêtements, et il est généralement connu qu'un Indien peut trouver à vivre là où un loup mourrait de faim. Ainsi leur refus d'habiter l'établissement montrait combien les environs étaient dénués de ressources. Je fus obligé alors de me fier à la Providence pour la sûreté des effets contenant les observations, les journaux, les dessins et les cartes. On dressa une plate-forme dans la salle; on y déposa le reste de nos vivres avec tous les soins nécessaires pour les garantir de l'humidité et des walvérènes voraces. Plusieurs objets furent descendus dans un caveau dont on scella l'entrée. Les plus grandes caisses furent entassées les unes sur les autres et recouvertes d'une toile goudronnée; une très petite quantité d'eau-de-vie, que nous ne pouvions emporter et que nous eussions volontiers consommée sur place, si l'économie l'eût permis, fut enterrée à cinq bonnes brasses (vingt-huit pieds) sous terre; il n'en fallait pas moins pour qu'elle fût hors de portée des bipèdes et quadrupèdes de toute espèce, des Indiens ou des ours.

Ces opérations faites, il ne restait plus qu'à barricader les portes et les fenêtres; ce qui étant terminé, je demeurai seul avec quatre individus, y compris le guide, qui se chargèrent chacun d'un poids de 90 (40,8 kilog); deux chiens portaient sur leur dos nos provisions de voyage. Enfin, le 7 juin, M. King et moi nous quittâmes le Fort-Reliance un peu après midi.

FIN DU PREMIER VOLUME.

TABLE

DES MATIÈRES CONTENUES DANS CE VOLUME.

Introduction.

Chapitre Ier. — Départ d'Angleterre. — Arrivée à Montréal, préparatifs de l'expédition.—Le feu prend à notre hôtel. — Départ de la Chine.—Le Saint-Laurent.—L'Ottava.—Lac Huron.—Saut de Sainte-Marie. — Arrivée au fort William. — Répartition du bagage.—Chute de la montagne.—Lac de la Pluie.—Arrivée au fort Alexandre.—Observations magnétiques. — Entrevue avec le gouverneur Simpson.—Arrivée à Norway-House. — Difficulté de se procurer des hommes pour le service.—Départ de Norway-House.   1

Chapitre II. — Commencement de l'expédition. — Entrevue avec M. Charles.—Nous sommes retenus par un coup de vent. Description de notre tente. —Tourmente. — Grand Rapide. —Progrès de la culture. — Arrivée à Comberland-House. — Départ des bateaux sous les ordres de M. King. — Je m'embarque dans un canot. — Manœuvre des bateaux dans les Rapides. — Ile à la Crosse. — Lac des Buffles. — Bourrasque. —Une mouffette.—Portage La Loche.—Site pittoresque.— Entrevue avec MM. Stuart et A Mac-Leod. — Nouveaux volontaires. — Arrivée au fort Chippewyan.—Renseignements sur la route supposée par le Fond-du-Lac. — Rivière salée. — Esquisse d'une troupe d'Indiens. — Description des sources salées.—Campement des Indiens. — Renseignements des naturels sur les rivières Thlew-ee-Choh et Têh-Lon. — Arrivée au Fort Résolution.   41

Chapitre III.—Recherches et embarras relativement à la route. — Préparatifs du départ. — Embarquement à la recherche du Thlew-ee-Choh. — Campement indien. — Politesse indienne. — Point d'honneur des chasseurs indiens.— Description du pays que la route traverse. — Vue d'une petite montagne de glace. — Chasse d'un ours. — Description de la côte. — Pointe Keith et baie Christie. — Extrémité orientale du grand lac de l'Esclave.—Découverte d'une rivière qu'on suppose conduire vers le Thlew-ee-Choh. — Préparatifs pour la remonter. 79

Chapitre IV. — Difficultés que nous eûmes à vaincre pour remonter la rivière de Hoart-Frost.—Paysages remarquables. — L'interprète est malade.—Campement dans une île du Lac Cook. — Nous remontons une autre petite rivière pleine de rapides. — Désertion de deux Indiens.—Embarras du guide pour indique la route ; sa tentative de fuite. — Suite de cours d'eau et de lacs. — Ce que racontent les Indiens au sujet du Thê-Lew ou Têh-Lon. — Lacs de Clinton-Colden, Aylmer et Sussex.—Découverte du Thlew-ee-Choh. 125

Chapitre V. — Digression sur la route de Hearne, par le docteur Richardson. 149

Chapitre VI. — Suite de notre voyage. — Rochers sur le Thlew-ee-Choh.—Ile d'un aspect particulier. — Lac du Bœuf Musqué.— Conjecture sur le cours du Thlew-ee-Choh. — La rivière Glacée. — Nous rencontrons deux Indiens. — Je permets à Maufelly d'aller visiter sa femme. — Habileté consommée de De Charloit.—Pins nains.—Conte du rat et du castor. —Les arbres sont impropres à fournir des planches. — Lac de l'Artillerie. — Force des rapides.—Accident à un passage. — Nous quittons le Ah-hel-Dessy. — Ours tué ; conte ridicule. — Nous reprenons notre marche.—Nous tuons un daim.—Anecdote sur sir John Franklin.—Réunion avec M. Mac-Leod. 187

Chapitre VII. — « Le grand jeune homme. » — Traité avec les Indiens. — Célébration du dimanche. — Arrivée de Mr King avec deux bateaux. — Opération chirurgicale. — Incommodité des canots indiens. — Conduite de l'équipage. — Construction d'un nouveau logement. — Arrivée des Indiens. — Leur tactique. —Vieille femme indienne.—Visiteurs affamés. — Vengeance tirée d'un acte d'inhumanité. — Description du Thlew-ee-Choh. — Observatoire. — Etrange aspect de l'Aurore boréale. — Nous sommes encombrés d'Indiens. — Leurs idées superstitieuses.—Nous sommes à court de vivres. — Installation dans notre nouveau logement que nous nommons Fort Reliance (Confiance). — Les vivres nous manquent de nouveau. — Akaitcho. — Je donne congé à De Charlôit et à deux Iroquois, ainsi qu'à La Charité. — Tristesse des Indiens. — Histoire d'un jeune chasseur. — Infraction à la loi indienne. — Mort de la vieille femme. — Jour de Noël. — Petite distribution. — Expériences. — Froid excessif. — Arrivée de M. Mac-Leod. —Atroce cruauté. — Histoire révoltante d'un Indien. 227

CHAPITRE VIII. — Conduite exemplaire d'Akaitcho. — Départ de M. Mac-Leod et de sa famille. — Arrivée de Maufelly. — Nous recevons une provision de chair de daim. — Mésintelligence entre Akaitcho et l'interprète. — Préparatifs pour la construction de deux bateaux. — Conduite étrange de deux Indiens. — Nouvelle provision de vivres. — Détresse de M. Mac-Leod. — Retour de M. King et de sa troupe. — Nouvelles de la factorerie d'York. — On ne sait ce qu'est devenu Augustus. — Apparition de deux corbeaux. — Nouvelles d'Angleterre. — On congédie trois hommes. — Je change mes plans. — Quelques oiseaux reviennent. — Aventures de M. King. —Arrivée de M. Mac-Leod. — Inquiétudes sur Williamson. — Chaleur étouffante. — Triste sort d'Augustus. 295

FIN DE LA TABLE DU PREMIER VOLUME.

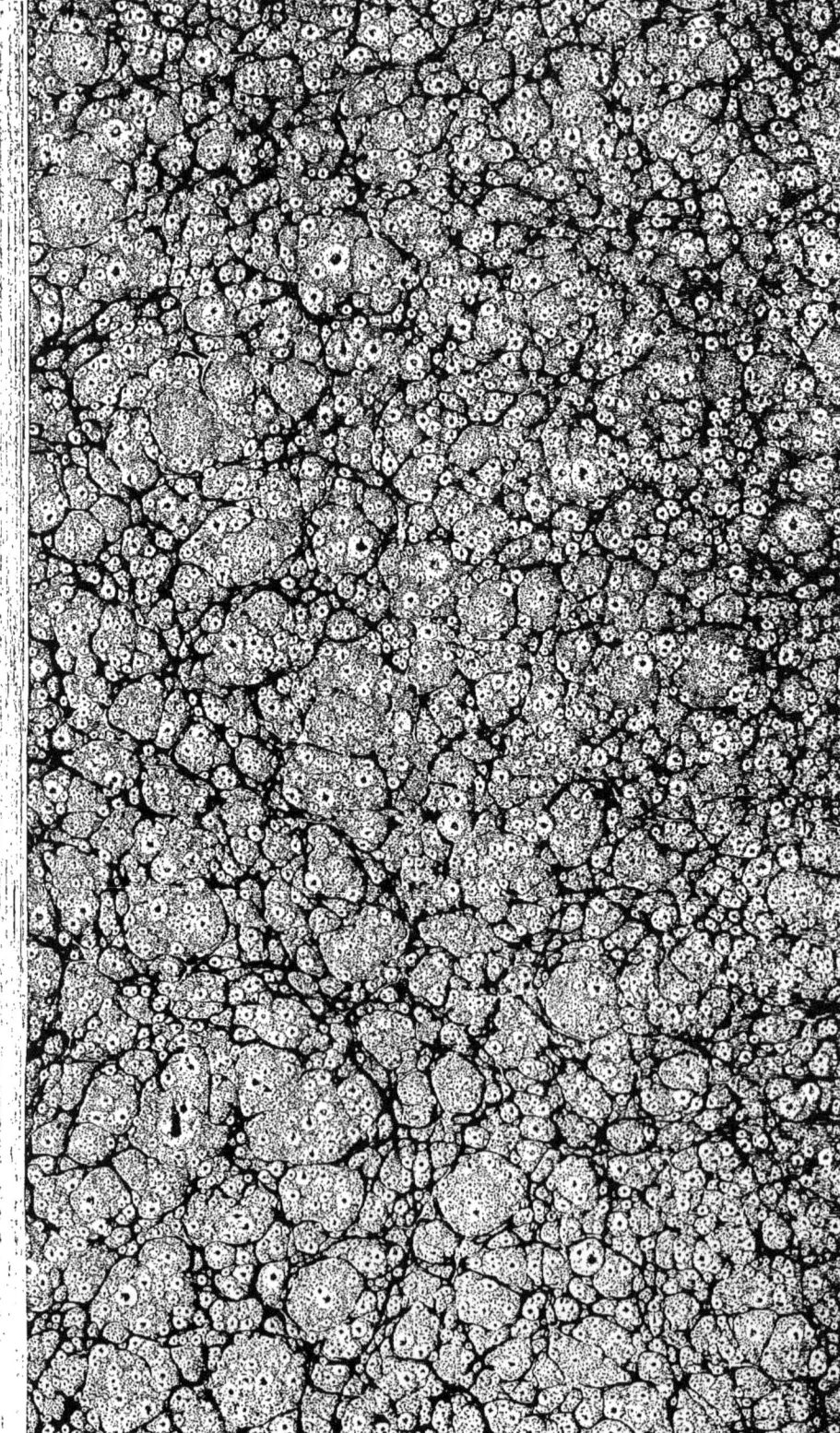

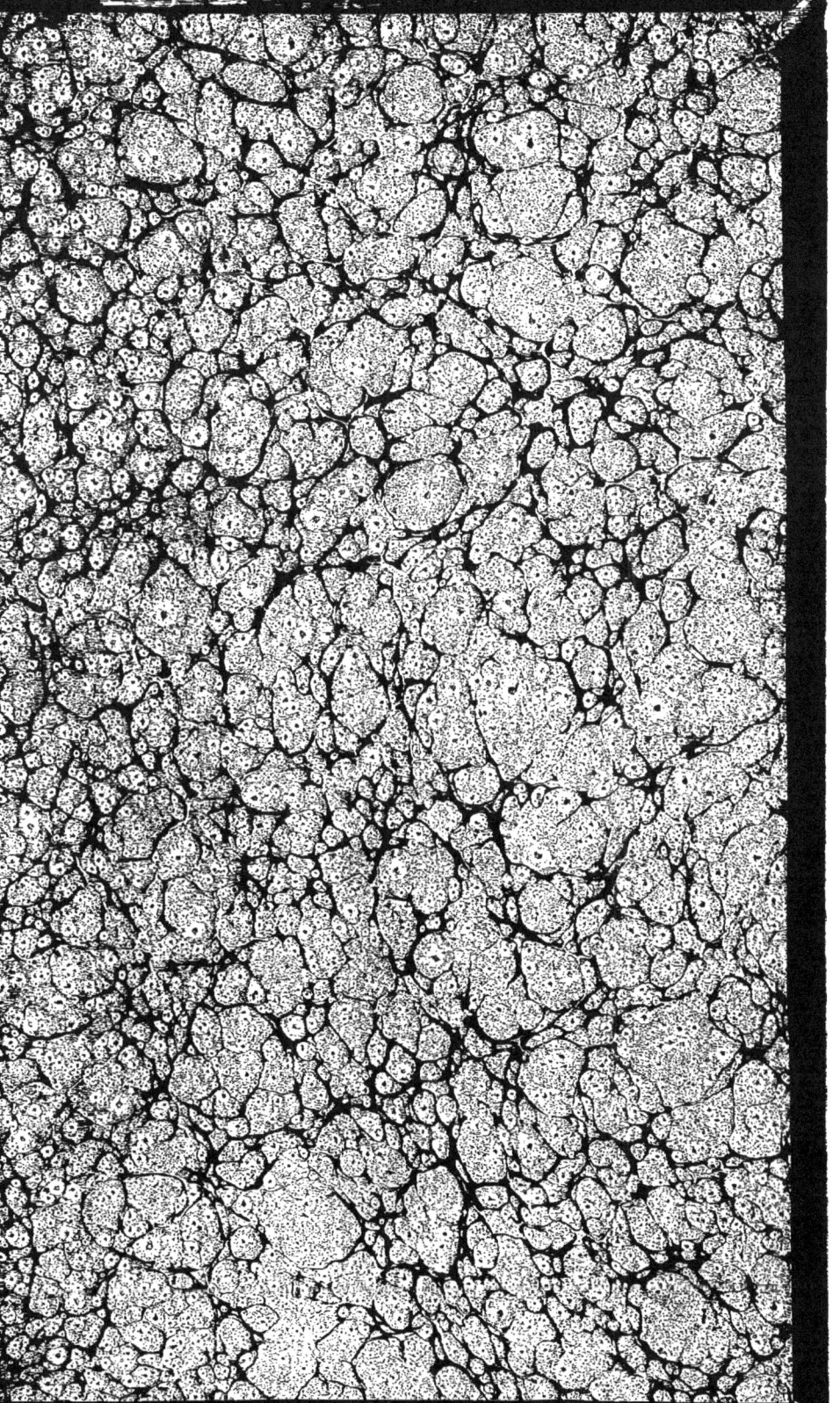

www.ingramcontent.com/pod-product-compliance
Lightning Source LLC
Chambersburg PA
CBHW070904170426
43202CB00012B/2190